イラストレート
心理学入門

齊藤 勇［著］

第 3 版

誠信書房

各章扉・章末写真：齊藤 勇

イラスト：酒井 智夏 ［㈱エイブルデザイン］

はじめに

　イラストは印象的です。小学校の教科書に書いてある内容は，すっかり忘れていますが，描いてあったイラストは，よく憶えています。図式チャートは，知識を整理するのに役立ちます。グラフは，一目瞭然，比較を視覚的に理解させてくれ，写真は事実をストレートに伝えてくれます。

　今，社会からの心理学への期待が大きく，そのぶん，分かりやすくて，しっかりした内容の心理学の入門書が求められています。読者からは，もっとやさしく，もっと具体的にと注文されています。しかし，しっかりした内容のものを書こうとすると，つい難しくなるのが心理学です。心理学は，難しく書くのはやさしく，やさしく書くのが難しい学問です。

　そこで，できる限り，イラストや図式，チャート，グラフ，写真などを用いて，きちんとした内容を，これまで以上に視覚的に分かりやすい，目に見える心理学の入門書を書いてみようと思いました。それが本書，『イラストレート心理学入門』です。

　さて，心理学には興味があり勉強し始めたけど，難しくてやめてしまったという読者も多いと思います。そんな人は，まず，各ページの右側にあるトピックスのタイトルを見てください。そして，そのなかで興味が持てるトピックスがあったら，そこから読んでみてください。きっと心理学への関心がもう一度，わいてくると思います。

　また心理学が学びにくいのは，いきなり専門用語が出てくるからでしょう。難しい専門用語は初めての読者には，とっつきにくく，そこでつまづいてしまいます。ただ，心理学にとって専門用語は非常に重要で，はずせないのです。その言葉を知ることにより，新しい視点が開け，大げさな言い方をすれば，その用語で心理学の新しい世界が見えてくるのです。

　そのため，心理学者は専門用語を知り，理解することが心理学入門への第一

歩と考えています。しかし，だからといって，いきなり専門用語を詳しい説明もなく書いたのでは，読者はちんぷんかんぷんでしょう。本来，分かることも分からなくなってしまいます。

　本書では，専門用語はできるだけ分かりやすく図やイラストを用いて説明し，解説したうえで使うように心がけ，スムースに心理学の理解ができるように作成しました。微力ですが，心理学への興味に応えられたら幸いです。

1996 年　3 月 20 日

齊藤　勇

第 3 版発行に際して

　本書『イラストレート心理学入門』は幸い，初版，第 2 版ともに好評を得て，毎年，版を重ねてきました。ただ，近年の心理学の発展は目覚ましく，そのカバーする範囲は，より広くなり，各分野の研究も，より深くなってきています。本書もその発展を展望する必要があると考え，出版社の快諾を得て，ここに第 3 版を出版することになりました。すべての章で加筆しましたが，特に加筆した領域は，感情の脳科学，食欲求，睡眠科学，効果的学習法，記憶メカニズム，性格特性論，それに知能です。また，最近，各分野で，メタ分析や再実験が盛んに行われ，これまで古典的とされてきた研究成果や理論への疑義が，多数提出されるようになってきています。このようなことは心理学への関心をさらに深めて，より知見を正確なものにしていくことが期待できます。本書は入門書なので，この点について深くは言及できませんが，必要な個所ではその点についても触れていきます。それにより，さらなる心理学への学びへの指針としていただけたら幸いです。この改訂により，本書が，心理学のテキストとして，これまで以上に，多くの人に興味をもっていただけたら幸いです。

2020 年　盛夏

齊藤　勇

目　　次

第 1 章　知覚と認知の心理

1◆ 外の世界を知る

　目は心の窓といわれるように，視覚は心理の入り口である。心理学を始める第一歩として，人が外の世界を見て，心の中にどのような世界をつくっていくのかについて見ていく。

　外の世界を知るのは目だけではなく，耳，鼻，舌，そして皮膚の感覚器官が働いている。それぞれの感覚は，視覚，聴覚，嗅覚，味覚，触覚と呼ばれ，外の世界の情報を受け入れている。人間には感覚器官が五つあるので，これを五感という。人はこれらの感覚器官を通して，外の世界を知り，内の世界〈心〉をつくっているのである。このプロセスを，認知過程（プロセス）という。ただ，「百聞は一見にしかず」というように，人は，物事を主に目で知る。百回聞くよりも，1回見た方がよく分かるということは，人は，視覚が情報収集の中心ということを意味している。

　現在の心理学では，この外から内への認知プロセスと同時に逆の認知プロセス，つまり，人は心で外の世界を見ている，という点も重視されている。

　"ものを見る"というとき，外（物理的外部環境）が目を通していかに見えるか

図 1-1　ナポレオンの亡霊

トピックス 1-1

赤のユニフォームのチームが勝つ

●色彩知覚のメカニズム●

　人の眼は，美しいカラフルな世界を見ることができる。赤，青，緑など，その色彩が私たちの生活をずいぶん豊かにしてくれ，また楽しくしてくれる。

　色は，実は物体にあるのではなく，光が物に当たり，その反射光を眼で受けているのである。色彩の知覚は眼の網膜細胞による。明度は桿体細胞，色相は錐体細胞により受け取り，視神経を通して大脳の視覚野に伝達される。可視光線に反応し，波長が長い方が赤色，短い方が青色を感じる。しかし，波長は長短で直線的であるが，色彩知覚は両端の青と赤が結びつき，色環として脳でとらえている。青と赤の間に波長にはないはずの紫色が見える。このためか，紫は高貴な色，あるいは妖しい色として見られている。

　また，元来，電磁波なのに，色は心理的イメージをもつ。これが社会生活でいろいろと応用され，人間生活を豊かにしている。色のイメージは文化や対象によって異なるが，おおむね，赤は情熱的，黄は軽快さ，緑は新鮮さ，青は冷静さ，紫はあでやかさを感じさせる。

　ところで，私たちは，自分たち人間が色を知覚しているので，つい他の動物もみな色が見えていると思いがちである。しかし，動物の中には白黒の濃淡だけで見ているものも少なくない。

　たとえば，闘牛では，闘牛士が赤いマントをかざし，牛の目の前でひらひらとさせる。しかし，牛は実は白黒知覚なのである。牛はひらひらするものに突進する。マントの赤を見て興奮するのは，実は見物人の人間の方である。人は赤色を見ることによって感情の興奮が起こる。赤色は体内ホルモンのアドレナリンを誘発し，自律神経を交感神経系支配にする。このため，人を興奮させ，情熱的にさせ，また攻撃的にもさせる。スポーツでは赤色のユニフォームの方が勝利に導きやすいとされている。このことは，心理学者により，実際のテコンドーやサッカーの試合のユニフォームの色分析で，赤のユニフォームと勝利との関係が実証されている。また，女性の赤い服装は，男性へのヒッチハイクやレストランでのチップに効果的に働くことも実証されている。米大統領選でも赤のネクタイの方が有利になるといわれている。

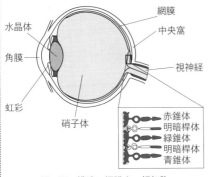

図　眼の構造と網膜上の視細胞

を考えるのが第一ではあるが，内（心理的環境）がいかに外の世界を見るか，という点も考える必要があるということである。現代の心理学では私たちの心のもち方が見るものを決めるという点も注視して，双方向の認知プロセスが重要であると考えている。探し物をしているとき，物があるのに見えないということがよくあるし，逆に，幽霊のように，ないものが見えるということもある。このことは，図 1-1 の「ナポレオンの亡霊」を見ることにより理解されよう。この図に何が見えるだろうか，多くの人は川辺の 2 本の木の絵に見える。しかし，あらためて，ナポレオンの亡霊と言われて見ると，2 本の木の間にナポレオンが立っているように見える。後に述べるように，その理由は，人は「図と地的知覚」をしているからである。

　人は人間特有の感覚で外の世界の情報の受け取り，心の中でその世界を作り出す。さらに個人個人によって心のもちようが異なるので人それぞれによって違って見えるのである。

　なぜ外部環境がそのまま映し出されないかというと，主な原因は人特有の感覚，知覚，認知の 3 要因による。次にこれらを詳しく見ていく。

◆**認知決定の主要 3 要素**◆
(1) 感覚器官（眼などの構造と機能）
(2) 知覚特性（モノの見方，見え方）
(3) 認知プロセス（心で見る）

2◆ 人の感覚器官の構造と機能

　第 1 の要因は，人のもつ各感覚器官の構造や機能，その性能の問題である。目も耳も，人は人間固有の構造と機能を進化させてきている。そのことは人間の感覚器官には，その特徴と限界があるということである。たとえば，視覚でいうと，人の目は何でも見えるわけではない。ある一定の電磁波だけを網膜が受け止め，見えているのである。人は，360 ナノメータ（1 ナノメータは 1 mm

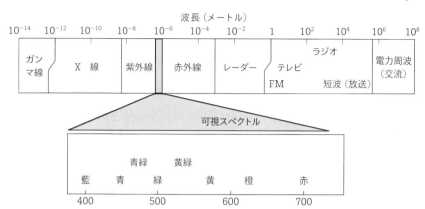

図 1-2　電磁波のスペクトルと可視光線

の百万分の 1）から 870 ナノメータまでの波長の電磁波を，青から赤の色彩として見ているのである。これを可視光線という。それより長いものは赤外線，短いものは紫外線といわれ，外という字が示しているとおり，それらを受けていても私たちの目には見えない。そこで，気づかず紫外線をたくさん受けて，夏の浜辺などで大変な目に遭うことになってしまう。

　図 1-2 に示すように，私たちの周りには，波長の短いものから長いものまでさまざまな電磁波が流れている。大きな波長のものには，テレビやラジオ放送に使われる電波があり，テレビやラジオの受信機はこれをキャッチするが，もちろん人間の目には見えない。同じように波長が短い X 線なども見えない。

　人の目が，どんなに狭い範囲の電磁波しかとらえていないか，この図でよく分かるであろう。私たちは世の中すべてを見ているように思っているが，この図を見ると，人間の視覚の限界と自然の大きさがよく分かる。

　また，人は視覚に優れているが，自然界に住む多種多様な動物は，それぞれの進化により，適応的に感覚器官を発達させてきている。犬は人より嗅覚に優れ，コウモリは人より聴覚に優れている。災害や犯罪に際して，捜査犬に大いに助けられているのは周知のとおりである。

3◆　知覚特性

　心の中にできる心理的世界が外の世界と同じではない第 2 の要因は，人間特有の知覚の仕方があることによる。では，人はどんな知覚の特性をもっているのだろうか。視覚を中心に人の知覚の基本法則を見ていくことにする。

　まず，列挙すると，知覚の基本法則には次のようなものがある。

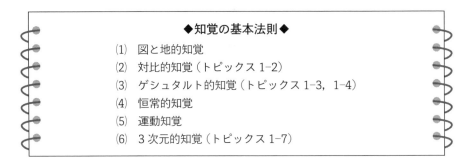

◆知覚の基本法則◆
(1)　図と地的知覚
(2)　対比的知覚（トピックス 1-2）
(3)　ゲシュタルト的知覚（トピックス 1-3，1-4）
(4)　恒常的知覚
(5)　運動知覚
(6)　3 次元的知覚（トピックス 1-7）

1　図と地的知覚

　私たちは，物があるのにそれが見えないということが時々ある。前述したようにたとえば，探し物をしていて，最初に見たときはどうしても見つからなかったものが，もう一度見直したら簡単に見つかった，ということがある。これは，私たちの知覚が〈図と地的知覚〉をしていることに関係している。

　「私たちがものをそこに見る」ということは，ものがそこにあるから見えるのではなく，それを図として見て，はじめて，そこにものが見えるのである。ものがあっても，それが輪郭をもった図として見えなければ，ものは見えない。逆に，何もなくても，そこに輪郭を見て，図として見れば，ものが見える。前述した木の間の「ナポレオンの亡霊」の見え方はこれによる。

　この図と地の関係を明らかにしている心理学の有名な絵がある。心理学者ルビンが作製した「ルビンの壺」である。図 1-3 の絵は何に見えるだろうか。「ルビンの壺」の名のとおり，まずは白い部分が壺に見える。あるいは盃とか，花

トピックス 1-2

ないものが見える不思議な視覚

●対比効果と主観的輪郭●

　下の白と黒の格子の図をよく見ると，不思議な現象に気づくであろう。白い線が縦横にクロスする十字のところに灰色の斑点がチラチラ見えるはずである。同じ白なのに，なぜ，こんなことが生じるのだろうか。それは対比の効果による。対比効果とは，二つの明確に対比する部分があるとそれぞれの特徴がより強調されて知覚される知覚特性をいう。この格子では白と黒の明度対比により，白は実際より，より白く，黒は実際より，より黒く知覚されている。ところがクロスしている部分の白には，対比対象の黒がないため，白黒対比が生じない。このため

白は元の紙の白のまま知覚される。すると，この部分は，より白くはないために周りの白より暗くなり灰色に見え，斑点に見えるのである。図中左上に，クロスの中に黒点が入っている。このためそこでは，対比が生じるので，灰色の斑点は生じていない。

　次に左下図を見ると，中央に黒線の三角形が見えるだろう。しかし，見ていると突然，中央に白い逆三角形が見えてこよう。これも対比効果による。通常，物は輪郭をもっている。しかしこの白い三角形には明確な輪郭がない。しかし三角形が見える。これをカニッツァは，知覚者が輪郭をつくって見ているとし，主観的輪郭と名づけた。周囲三つの円の鋭い切り口が明度対比を生じ，その部分の白が他の白より，より白く見え，それが輪郭をつくり，浮き上がって三角形に見えるのである。右下の図には多くの黒丸の中に白い立方体が見えるが，それも，同様に対比効果による知覚である。

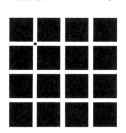

図　明度対比

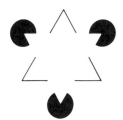

図　主観的輪郭

図 1-3　ルビンの壺

瓶に見える。他に何に見えるか。たとえば，人の顔に見えないか。壺には見えるが，初めてこの絵を見る人には，人の顔は見えない。

　ところで，この絵の中に壺が見えたという人は，どこを壺と見ているかというと，真ん中の白い部分を見ているはずである。ということは，この白い部分を輪郭のある「図」として知覚し，黒い部分を「地」（背景）として知覚しているからである。白い部分を図として見て，その輪郭が壺の形をしているので，壺と見たのである。この白い部分は顔の形をしていないので，人の顔には見えない。

　さて，図1-3の「ルビンの壺」の絵の左右に点線がある。上の点線ＡとＢを結んだ線の上の部分を紙の小片か何かで隠し，同じように下の点線ＣとＤを結んだ線の下の部分も何かで隠す。そうしておいて，何が見えるか改めて見てみよう。もう，壺は見えない。そのかわり，今まで気にしていなかった黒い部分が目立ってきて，2人の人が向き合った顔が見える。影絵のように黒く映っているが，はっきりとした輪郭をもった2人の人の顔が見えるはずである。この場合，これまでとは逆に，黒い部分を「図」として知覚し，白い部分は「地」となっている。それまで壺に見えていた白い部分は何の意味もない背景になってしまう。壺と2人の人の顔を交互に見ることによって，人の知覚の不思議さがよく分かると思う。図は地を背景とするので，同時に二つのものは見えない。この絵は物事には，いろんな見方，見え方があり，そして，いろいろな角度から見なければいけないことを教えてくれる。

　では，何が図として見えやすく，何が地（背景）になりやすいのか。図になりやすさの条件を見てみると，主に次の七つの要素があげられる。

◆図になりやすい七つの要素◆

(1)　閉じた空間をもっているもの　　(2)　相対的に小さいもの

(3)　明るいもの　　　　　　　　　　(4)　中央にあるもの

(5)　垂直，水平になっているもの　　(6)　単純で規則的，対称的なもの

(7)　動くもの

　これを参考に「ルビンの壺」の図を，もう一度見ると，この絵が最初に壺に見える理由が分かる。図になりやすさの要素を一つずつチェックしていくと，壺の部分は(1)〜(6)のすべてを満たしている。ところが，A–B，C–D で上下を隠してしまうと，(1)がなくなり，見え方が変わる。このことから，図として見るのには，閉じた空間が輪郭をつくっていることが非常に重要であることが分かる。

② ゲシュタルト的知覚

　ゲシュタルトとはドイツ語で形態という意味である。20 世紀初頭，ウェルトハイマーらは，人は，見えているものをできるだけ簡潔にひとまとめにして見ようとする知覚傾向をもつ点に注目した。そして，この視点からそれまでの要素構成主義の心理学に対して，ゲシュタルト心理学（形態心理学）を提唱した。この知覚傾向をゲシュタルト心理学の体制化の要因と呼んだ。この傾向は，外の世界をできるだけ簡素化し，効率よく見ようとする人の認知傾向の一つである。具体的な体制化の要因として，次の五つがあげられている。

◆体制化の五つの要因◆

(1)　近接の要因　　　(2)　閉合の要因　　　(3)　類同の要因

(4)　よい連続の要因　(5)　共通運動の要因

　この体制化の要因は単に図形知覚だけでなく，人の認知や人間関係の認知，さらには諸々の社会事象を認知するときにも働く基本的メカニズムであり，現在の認知心理学の基礎となっている。各要因の詳しい説明はトピックス 1–3，1–4 で紹介している。

③　知覚の恒常性

　知覚の恒常性とは，外から入ってくる刺激が感覚器官上，多少異なっても元は同じモノであると脳で修正し，知覚を安定させているメカニズムである。たとえば図 1–4 のドアは，網膜上の形は違っても，同じドアと見る。物の大きさや形は，眼の網膜により受け止めて，知覚するが，網膜に実際に映っている大きさや形だけで判断しているわけではない。向こうから人が近づいてきたとき，網膜上には，最初小さく映り，徐々に大きくなる。しかし，見ている人は，最初は小人，後は巨人と見るわけではない。網膜上の大きさが変わっても人間の大きさは変わってはいないと知覚をしているのである。これが恒常性である。形や色などにも同様に恒常性が働く。これにより，人は，より安定した知覚ができるのである。しかし，本当に大きさが変わることもあり，ときにはこのメカニズムにより誤った知覚が生じてしまうこともある。それを実験的に見せたのがエイムズの部屋（図 1–5）である。

図 1–4　ドアの見えと形の恒常性

トピックス 1-3

星はなぜ白鳥に見えるのか

●ゲシュタルトの体制化要因⑴●

（1）近接の要因

近接の要因とは，いくつかのものが近くに見える場合，それらをひとまとめにして一つのものとして見る傾向をいう。たとえば星座である。たまたま地球から見て，大きく輝き，互いに接近して見える星々をひとまとめにして，その形から白鳥に見たり，大熊に見たり，サソリに見たりして，星座としているのである。

さて，下の図Aがどう見えるか。8本の縦の線分があるが，ただ単に8本の線があるとは見ないだろう。近くにある2本ずつを一つにまとめてみて，四つの柱，あるいは柵があると見るだろう。これが近接の要因である。

（2）閉合の要因

下の図Bはどう見えるか。何の疑いもなく三つの長方形と見るだろう。それは，各々の長方形の4辺が一つの閉じた空間をつくっているからである。閉じた空間は輪郭をつくり，ひとまとめにしてモノとして知覚されやすい。これを閉合の要因という。ルビンの壺が壺に見えるのは，この閉合の要因によるところが大きい。お分かりのとおり，この長方形の長い方の縦線は図Aの線と同一である。しかし，ここでは近くにあるからといって二つの線がひとまとめには知覚されない。閉合の要因の方が優先してひとまとめに知覚されるのである。

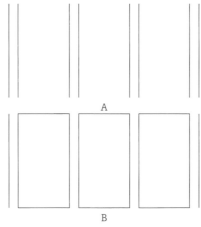

図　近接と閉合の要因

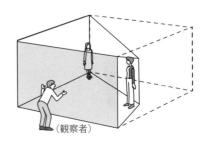

（観察者）

図 1-5　エイムズの部屋
（左は観察者の見え方，右は実際の部屋）

④ 運動の知覚（運動視）

　動いているモノの速さや方向を知るのが，運動視である。人の生活や生存に極めて重要な知覚機能であるので，心理学でも早くから研究が進められている。心理学では，特に，モノが実際には動いていないのに，動いて見える仮現運動が注目されてきた。仮現運動視とは，たとえば，映画のフィルムは静止画であるが，これを 1 秒間に 24 コマ続けて流すと映画館で観るようなスムーズな動きに見えることである。この仮現運動視に，ウェルトハイマーが，注目した。この現象は，それまでのヴントの要素構成的心理学では説明できないとして，ゲシュタルト心理学を提唱したのである。いわば，心理学に新しい流れをつくった現象といえる。人に，あるモノを提示し，直後に近くの場所に同じ形のモノを提示すると，それは二つのモノではなく，一つのモノが移動したと見る（図1-6 参照）。これは全体をゲシュタルト的に見ることによって初めて説明できるとされた。

A　　　　　　　　　　　　　　B
A の直後に同一の形を B の位置に提示すると
A の滑らかな動きが知覚される。
図 1-6　仮現運動

トピックス 1-4

同じものはひとまとめにして見る

●ゲシュタルトの体制化要因(2)●

(3) 類同の要因

　類同の要因とは，同じもの，類似した
ものを一つのまとまりとして知覚する傾
向をいう。下のA～Dの図はどのように
見えるか。○などが整然と並んでいる図
形であるが，○印は○印と●印は●印
と，各々ひとまとめにして見えるであろ
う。さらに同じ形，同じ大きさはひとま
とめに見られやすい。これが類同の要因
である。人文字などもこのよい例であ
る。

　これらゲシュタルトの要因は図形だけ

でなく，人の認知の際にも働く。同じ制
服，同じ髪型の人はひとまとめにして見
る傾向がある。さらには同じ人種，同じ
国民はひとまとめにして見る傾向があ
る。

　これらの傾向は知覚を効率化してい
る。しかし，知覚を単純化するため，人
種やジェンダーにより，女は，とか韓国
人は，とか，若い人は，などひとまとめ
にして認知する。このため，この知覚要
因が意識的無意識的に社会的偏見のベー
スになってしまう。

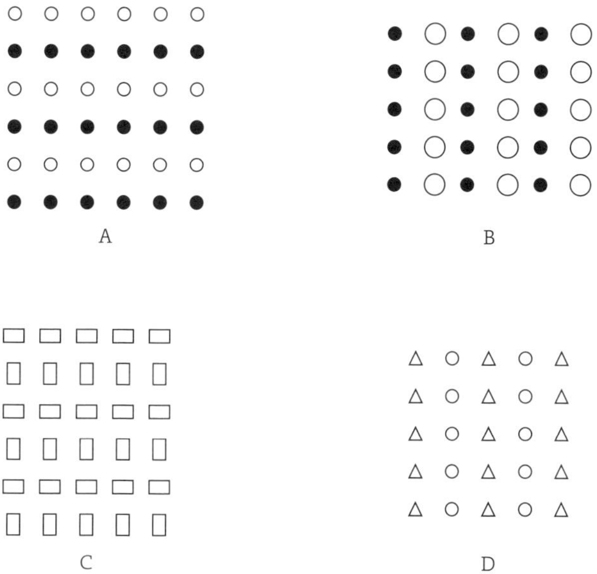

A

B

C

D

図　類似の要因

4◆ 認知プロセス

　心の世界が外の世界と異なる3番目の要因は，見る人それぞれの性格やそのときの心理状態によって同じモノでも見え方が異なることである。人それぞれ心のあり方が異なるので，同じものを見ても，人によって，また時によって違って見えるのである。

　人の目は，よくカメラにたとえられる。水晶体とレンズ，光彩と絞り，網膜とフィルムというように，二つのメカニズムはよく似ている。しかし，人の知覚とカメラの映りには大きな違いがある。カメラが客観的に物体を写すのに対して，人の眼はかなり主観的にモノを見るからである。人は一定の認知パターンをもっていて，それを駆使して積極的に自分の見たいモノを見ていくのである。たとえば図1-7は，何に見えるだろうか。カメラだったら，ただ単に客観的にこの斑点を写すだけで，そこには何も見ないだろう。しかし，人の眼には白黒斑点のダルメシアン犬が見えてくる。

　最初は見えないかもしれない。しかし，この絵をダルメシアン犬が向こうを向いて地面にあるエサを食べている絵だと無理して思ってみると，突然，そう

図 1-7　ダルメシアン犬が見えるか (Lindsay & Norman, 1977)

トピックス 1-5

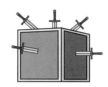

マジックショーが楽しめるわけ

●ゲシュタルトの体制化要因(3)●

(4) よい連続の要因

　よい連続の要因とは，連続性をもつなめらかな線は1本の線として，ひとまとめにして見られる傾向をいう。下の図には，4という数字が2箇所に入っている。しかし，一見した場合，左側の1箇所にしか見えない。それは左側の4が，他の線と不連続のため，独立して一つのものと見えるからである。一方，右側にもまったく同じ4という字があるが，見えない。それは他の線とよい連続をしているために，それらの一部となって，ひとまとめに見られ，4が独立したものとして見られないからである。注意深く見れば，左側とまったく同じ4があることに気づくはずである。

　このよい連続の要因には，よい形態の要因も含まれる。つまり，単純で規則的で，対称的な形はひとまとめに知覚されやすいのである。

　さて，マジックショーでアシスタントの美女を箱に入れ，外から刀や槍で突き刺し，突き刺した先が箱の反対側から突き出るという奇術がある。観客は，身体に槍が刺さると，おののくが，次の瞬間，美女が無事に現れて，拍手喝采となる。もちろん刀や槍は箱の中を貫通してはいないが，瞬間，通ったように見える。それは，刺した槍と出てくる槍がよい連続をしているので，一つのものとして見えるからである。そして，さらにそこに次の共通運動の要因が働いているからである。

(5) 共通運動の要因

　奇術のときは箱に槍が刺さり，突き抜けるときのタイミングが重要である。ずれたらそれが二つに見え，奇術は失敗となる。私たちは一緒に同時に動くものをひとまとめにして見る傾向をもつ。これを共通運動の要因という。このため偶然二つのことが同時に起こったときでも，人は共通運動の要因によって，二つをひとまとめにして考えてしまう傾向がある。この要因により，偶然の二つの出来事を不運を呼ぶ因果関係と考えたり，人の運命や縁を考えたりもする。

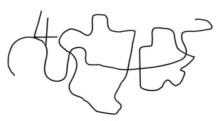

図　よい連続の要因例

見えてくる。人間の目は多少，輪郭が変でも，そこに 1 匹の犬がいると思えば，輪郭を強引につくり，犬を見ることができるのである。

　このように，いったんパターンを決めると，それに沿って，かなり柔軟にものをとらえていくというのが，人の認知の特徴である。コンピュータが発達した現在，逆に人間のパターン認識の能力が注目を集めているのである。もちろん，ときには，主観的が過ぎてとんでもない間違いをすることもあるが，たいていの場合はこの特性により非常に効率のいい認知をし，上手な情報収集を行っているのである。

　では，人の主観が大きく認知に影響する例を次に見てみよう。次頁の図 1–8 は何に見えるだろうか。若い娘さんに見えるか，年とったおばあさんに見えるか。

　たいていの人は，鼻がちょっと上を向いた若い女性が首にネックレスをして，向こうを向いている絵と見るだろう。おばあさんには見えない。ところが，欧米の心理学のテキストには，この絵は見る人の心の状態によって，見え方が異なる絵の典型として紹介されている。

　若い男性がこの絵を見ると若い女性に見え，姑にいじめられている若いお嫁さんには意地悪なおばあさんに見えるという。若い男性の欲求やお嫁さんの不

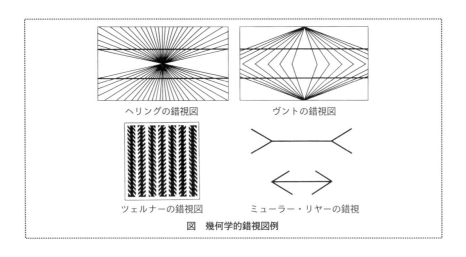

ヘリングの錯視図　　　　　　ヴントの錯視図

ツェルナーの錯視図　　　　ミューラー・リヤーの錯視

図　幾何学的錯視図例

┌ トピックス 1-6

同じ大きさが違って見える不思議な錯覚

●幾何学的錯視図形●

　下の図はエビングハウスの同心円錯視図である。これを見て，中央にある二つの円の大きさを比較してみよう。左よりも右の方が大きく見えるであろう。次に，紙に穴をあけ，真ん中の円だけが二つ見えるようにして，もう一度大きさを比較する。すると，二つがまったく同じ大きさの円であることが分かる。

　なぜ，このような錯視が生じるのであろうか。エビングハウスの円の大きさの錯視は中央の円と周囲の円の大きさとの対比的知覚で説明される。左下図のサンダーの錯視も対比で説明される。

　右下図は，ポンゾの錯視図である。これを見て，中央にある2本の線を比較し

てみよう。下の線より上の線の方が長く見えるであろう。しかし，両脇の2本の斜線を何かで隠すと，2本の線が同じ長さであることが分かる。これは，線路錯視ともいわれ，人が無意識に奥行き知覚をしていることに起因する。左頁下にも，有名な錯視図を示してある。

　このように物理的には同じ長さ，同じ大きさなのに，人の目には異なって見えることを錯視という。

　最近の心理学では，このような特殊な図形のときにのみ錯視が生じると考えるよりも，このような知覚傾向が人の認知メカニズム全体の特徴であると考えて，解明が進められている。

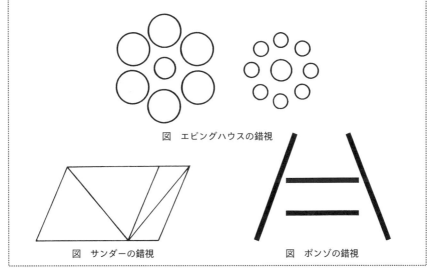

図　エビングハウスの錯視

図　サンダーの錯視　　　　　図　ポンゾの錯視

図 1-8　ボーリングの老若の女性

図 1-9　男性か女性か

満が絵の見え方を変える，というのである。では，どうしたらおばあさんの顔に見えるか。

　それには，若い女性に見えるときの耳を，おばあさんの大きな目と見る。そして若い女性に見えていたときのあごをおばあさんの大きなカギ鼻と見る，すると，見事に意地悪そうなおばあさんの大きな顔が見えてくる。最初からこのおばあさんが見える日本人はあまりいない。それは，やはり心で見ているからである。私たちはこんな魔法使いのようなおばあさんはあまり見慣れていない

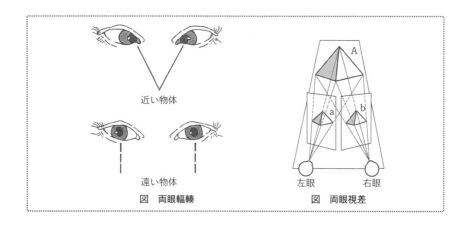

トピックス 1-7

3D・奥行き知覚の秘密

●ヴァーチャル・リアリティの諸要因●

　人は外の環境を3次元の空間知覚で、立体視している。しかし、人間の眼の網膜は2次元であり、そこに映る像は、平面2次元である。それを脳機能でもう一度、3次元に見直して知覚をしているのである。では、どのようにして、2次元の像から3次元の知覚をしているのであろうか。最近、ヴァーチャル・リアリティ映像が急速に発展してきているので、これまで以上に関心を集めているが、人の視覚が3次元の奥行き知覚を可能にしている要因は、大きく生理的要因と絵画的要因に分けられる。

（1）生理的要因

　人の眼は遠近知覚の際、目のふちの毛様体筋が働き、近くのものを見るときは水晶体を厚くする。遠くの対象を見るときは薄くなる。それにより、焦点距離を調節する。また、近くの対象を見るときは、外眼筋が働き両眼球を内側に回転させる。これらの眼の筋肉の緊張情報が脳に伝えられ、3次元を知覚させる。

　また、人の両眼は約6センチ離れており、対象を写している網膜上の像は右眼と左眼とでは左頁図のように微妙に異なる。物が近いとその差が大きく、遠いと差が小さい。この差を両眼視差という。このずれの大きさから脳は立体を知

覚する。立体視ができる3Dフィルムはこの原理を応用している。

（2）絵画的要因

　網膜上に映る次のような像の差異からモノの遠近を知覚することができる。

A：**相対的大きさ**…大きいものは近くに、小さいものは遠くに見る。

B：**遠近法**…線路のように一方が狭まっているとその方を遠くに見る。

C：**重なり合い**…重なって見えなくなっている方を遠くに見る。

D：**陰**…陰の暗さが立体感をつくる。

E：**影**…光の反対側に映し出される影により立体感を見る。

F：**きめの勾配**…きめが細かくなると遠く、大きくなると近くに見る。

G：**高さ**…低いものが近くに、高いものを遠くに見る。

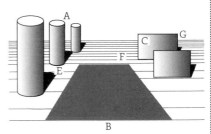

図　三次元知覚に働く絵画的7要因

し，そんなおばあさんにいじめられているお嫁さんもいないからである。このことは文化の違いが，人や物の見え方に大きく影響していることをも示しているといえよう。図1-9も意味的反転図形である。見る人の関心や欲求により男性奏者にも，女性の顔にも見える。

5◆　二つの認知プロセス

　最近の認知心理学では，人間の情報処理プロセスは二重構造になっているという説が有力である。それは次の二つのプロセスである。

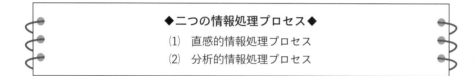

◆二つの情報処理プロセス◆
(1)　直感的情報処理プロセス
(2)　分析的情報処理プロセス

　(1)の直感的情報処理プロセスは，外からの情報に対して迅速で即断的，無意識的で，感情的，簡便で，労力を使わない処理システムである。自分をとりまく環境に即，対応し，多くの情報をすばやく処理するプロセスである。情報過多の環境の中で生活するとき，情報をふるい分け，あまり重要でない情報に対しては心的資源をあまり使わずに処理しようとする。このとき，用いられる情報処理プロセスである。このため，このプロセスでは次項で述べるヒューリスティックスが頻繁に使用されることになる。

　(2)の分析的情報処理プロセスは，時間をかけ，労力をかけ，心的資源を十分に使って情報を丁寧に意識的に精査し，正確な判断をしようとするときのプロセスである。自分にとって重要なことであると思ったときや慎重に対処すべき状況と思ったときに対応する処理プロセスである。

　人は，多くの情報が錯綜する環境の中で，すべての情報に労力をかけ精査していくわけにはいかない。そこで，まず，精査すべき事であるかどうか判断し，その必要があるとした場合に(2)の分析的処理システムを使用し，それ以外

トピックス 1-8

階段が天井に見えてくる？

●反転多義図形●

　多義図形とは，同じ図形が見方により，別の見え方をする図をいう。下の三つの図は，遠近多義図形である。3次元に知覚されるが，その手がかりが不安定なため，2つの異なった形の3次元知覚が生じる。

　シュレーダーの階段は一見，何でもない階段のようであるが，意識して天井についている飾り階段と思い，見ていると，前後が逆転し，見えてくる。

　マッハの本は，背表紙が見えるように立っている本に見えたり，開いた頁が見えるように置いてある本に見えたりする。ネッカーの立方体も前後が逆転して見える。これらの図形は，いったん二つの形が見えると，見る人の意志にかかわらず，二つの見え方が交互することも多い。このため，このような図形を反転図形とも呼ぶ。

　これらは，遠近反転図形であるが，これとは別に，前述した「ナポレオンの亡霊」や「老若の女性」のような絵を意味的反転図形という。

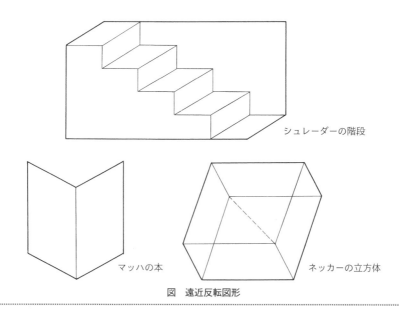

シュレーダーの階段

マッハの本　　　　　ネッカーの立方体

図　遠近反転図形

については(1)の直感的処理を行う。コスパを考慮しながら，各々の状況に対応しているのである。この二重プロセスが適応的に働いて進化し，現代人の認知と思考のスタイルが形成されてきたと考えられている。

① ヒューリスティックス（直感的認知）

　人は物事をすべて精査し，合理的に計算し，判断することはできない。そんなことをしていたら，対応が間に合わない。時間がいくらあっても物事は遅々として進まない。このため，人は多くの場面で，物事を直感で見極め，即決で判断することになる。しかし，当てずっぽうというわけではない。いわゆる勘が働き，決断するのである。その勘は必ずしも正解とは限らないが，その瞬間は適切な判断と考えて対処し，行動していく。このような直感的判断をヒューリスティックスという。野球で飛んできたボールを捕ろうとするとき，物体の放物線を計算して追いかけるわけではない。野球選手は物理学者ではない。が，ボールの下にすばやく走り込んで捕ることができる。直感でボールの落ちてくるところを判断できるのである。

　ヒューリスティックスとは日本語では，簡便法，発見法，即断法などと訳されるが，詳細な分析や正確な計算をしないで，手近な魅力的な手がかりを利用し，とっさに判断することをいう。危うい面もあるが効率的なやり方でもある。ヒューリスティックスの研究が心理学的に重要なのは，人はいつも客観的に精査し，時間をかけて物事を判断しているのではなく，むしろ多くの場合，このヒューリスティックスによって判断していると考えられるからである。特に前述の情報の直感的情報処理プロセスの場合，ヒューリスティックスが多用される。進化心理学者は，この傾向は人類が進化させてきた適応的な認知と判断の仕組みだとしている。そして現代人も多くの実験で実証されているが，日常生活において，この方法を頻繁に利用しているのである。

　このヒューリスティックスには多くの種類があるが，ここでは提唱者カーネマンらの実験例を中心に，合理的ではないが，利用しがちなヒューリスティックスについて説明していく。

トピックス 1-9

上れど上れど上りきれない無限階段

●物理的に不可能な図形●

　図Ａの三角形は一見，何の変哲もない三角形に見える。しかし，よく見て，各辺をきちんとたどってみると，とんでもないことに気づく。辺がねじれていて，立体としては，ありえない三角形なのである。

　図Ｂも一瞬は普通の太いフォークに見える。しかし，3本の先のうち，真ん中の元をたどっていくと，それが，消えてしまう不思議なフォークである。図Ｃも一見，普通の階段に見えるが，この階段は上っても上っても上にたどりつけな

い，下っても下っても下りきれない無限段階である。

　こんなフォークや階段が実際にあるはずがない。しかし，ではなぜ，一見，普通に見えてしまうのであろうか。それは，私たちがものを見るとき，最初から全体を注意深く見るのではなく，最初は，重要なポイントに注意を集中して見て，そこからモノを認知するという特徴をもっているからである。三角形のポイントは角，フォークのポイントは先，階段のポイントは曲がり角である。まず，各図の円のところに注意が行く，そして，そこを見る限りでは，これらの図に矛盾はない。だから，だまされてしまう。このような絵をだまし絵ともいう。画家エッシャーにより，今ではだまし絵はアートとなって私たちを楽しませてくれている。

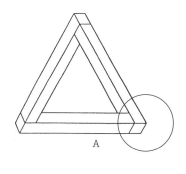

A

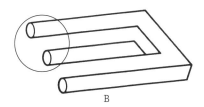

B

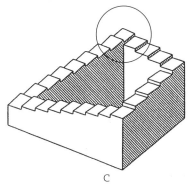

C

図　不可能の図形

A　典型性ヒューリスティックス

　各職業には典型的と思われるタイプの人がいる。モデルというと，髪はストレートですらっと背が高く，細身で目鼻立ちがすっきりしている女性を典型として思い浮かべる。大きな病院の中で，小走りの白衣の女性を見たら看護師と思う。看護師といったら，白衣の女性という典型性ヒューリスティックスが働くからである。しかし，実際にはこの典型性ヒューリスティックスで直感的に人を判断すると，当たることも多いが，はずれることが少なくない。病院には女性医師や女性薬剤師も多い。にもかかわらず，こうした判断を繰り返す。それは，人が人を判断するとき，母集団の分布や多様性を無視してこの典型性ヒューリスティックスを直感的に用いてしまうからである。しかも，この傾向は生来的なので，いったん，固定されると何回間違えても，また，間違える。修正がなかなか効かない判断方法である。

　そのことをカーネマンらは，トピックス 1–11 のような実験で確認している。その問題に答えてみることで，ヒューリスティックスが理解できよう。

B　利用可能性ヒューリスティックス

　急いで買い物をするときは，「チョコレートなら○○」「お味噌なら○○」という CM のキャッチフレーズが頭に浮かび，あまり考えずに商品を手にレジに向かうことが多い。これが利用可能性（容易性）ヒューリスティックスである。このため，企業は CM に力を入れることになる。

図　トップダウン知覚の牛の例

トピックス 1-10

言われてみれば，ナルホド，牛に見える？

●トップダウン知覚とボトムアップ知覚●

　下の二つの図は何に見えるであろうか。よく見ても，斑点だけで，何なのか分からないという人も多いであろう。

　"よく見る"ということは，与えられた刺激図形を詳細に，分析，あるいは組み合わせして推測することである。これをデータ駆動型の知覚処理，あるいはボトムアップ知覚という。

　刺激が明確だと，よく見れば分かるが，この図のようなあいまいな刺激の場合，分析的に見ていてもなかなか解答が見つからない。このような場合，逆に自ら仮説を立てて，何が描いてあるかを先に決めてみる方がいい。そうすると，ものが見えてくる。つまり，大胆に仮説を立てて知覚する方法である。このような知覚の方法を概念駆動型知覚，またはトップダウン知覚と呼んでいる。また，このとき予想に用いられる知識の枠組みをスキーマという。

　左図はドラムとそれを叩いているス

ティック，右図は馬に乗った騎手の図である。そう思ってみるとそう見えてこよう。では前頁の絵は何に見えるだろうか。何にも見えない人が多いであろう。そこで，この図をこちらを向いて首をひねっている牛の顔と背中と思い，改めて見てほしい。すると牛に見えてこよう。今まで見えなかったのがトップダウン知覚をすると不思議なほどはっきり見える，はずである（見え方は章末）。

　このように人の認知は，外の刺激を単に受動的に受け止めるのではなく，むしろ刺激の中に積極的に意味を見つけようとしていることが分かる。この機能を意味づけ機能という。

　後述するが性格テストに，あいまいな絵を見せたり，絵から物語をつくらせることにより，その人の，性格判断をする深層心理の投映法がある。これは，個人の意味づけ機能を利用して，性格を判断しようとしているのである。

図　トップダウン知覚の例

　また，インフルエンザや新型ウィルスが国内に発生すると日本のマスメディアは，テレビも新聞も連日，その危険性を伝え，マスクの必要性を伝え続ける。このためマスクを見ると必要以上に買ってしまい，マスクは売り切れ，必要な人に行き渡らなくなってしまう。マスメディアや口コミでニュースや CM を連日見聞きしていると，行動を決めるときに真っ先にその情報が頭に浮かび，行動を決定するのにその情報を使ってしまうのである。これも，利用可能性ヒューリスティックスが働くからである。想起が容易であり，無意識的に行動に移される。

　利用可能性ヒューリスティックスとは，このように，マスメディアで流されていたり，友人から聞いた話などを，容易に使用する思考傾向を指す。

C　アンカリング・ヒューリスティックス

　アンカーとは船の碇のことである。船が碇を下ろすと，その船はその地点から遠くには動けなくなり，船の行動範囲は限定される。アンカリング・ヒューリスティックスとは，この状況と同じように最初の（あるいは特定の）情報がアンカーになり，判断が一定の範囲に制限されることを指す。そのことをカーネマンとトヴェルスキーは，次のような実験で確認している。

　彼らは学生に対し，次のような二つの種類の掛け算を示し，終わりまで計算できない短時間で即答するように求めた。

(1)　8×7×6×5×4×3×2×1

(2)　1×2×3×4×5×6×7×8

　その結果，参加者の解答の中央値は(1)が 2,250，(2)が 512 であった。示した数字はまったく同じである。書かれている順番が逆なだけである。しかし，(1)と(2)の解答の差は大きい。では，どうしてこのような大きな違いが生じたのであろうか。この実験は即答しなければならないため，暗算を始めるとき，最初のいくつかを計算する。それがアンカーとなり，残りの部分を考えて最終的な予測値を解答すると考えられる。そこで予測値は，アンカリングヒューリスティックスにより問題の最初の方の数字が大きい場合は解答が大きくなり，小さい場合は小さくなったと考えられる。ところで，正解は(1)(2)とも，40,320

トピックス 1-11

哲学科卒のリンダの現在は？

●典型性ヒューリスティックスの実験●

　次の文章を読み，質問に答えてみよう。

　リンダは独身の 31 歳。純真でとても頭がよい。哲学科を卒業し，学生の頃から人権や社会正義の問題に熱心に取り組み，戦争反対のデモにも参加していた。

　では，リンダの現状はどうだろう。次の ABC を可能性の低いものから順番に並べてみよう。

A　リンダはグローバル化に反対の活動家である。

B　リンダは銀行員である。

C　リンダは銀行員でグローバル化反対の活動家である。

　この質問に対して，大半の人は，可能性の低い順に BCA の順で答える。その判断は，彼女の経歴から見て，単なる銀行員 B である可能性よりもグローバル化反対者 A の可能性の方が高いと考えるからである。ここで問題なのは，B と C の比較である。銀行員の可能性とグローバル化反対の銀行員の可能性の判断である。グローバル化反対の銀行員である方が，経歴から考えて銀行員よりも確率が高いと考えてしまうのである。しかし，これは，初歩的な論理的間違いである。グローバル化反対の銀行員は，銀行員一般という，より大きな枠組みの中に入る。リンダもそこに含まれるわけだから，銀行員の確率の方が高いのである。にもかかわらず，多くの人がこの種のエラーを犯してしまう。それは，瞬間的に典型性ヒューリスティックスを誤って使ってしまうからである。典型をベースに判断すると，リンダはグローバル化反対の活動家として典型的で，グローバル化反対の銀行員として実にうなずける。しかし，典型的な銀行員としては受け入れにくいのである。それが，判断ミスを生んでしまうことになる。

で各々の解答よりかなり大きい。これは，目の前に示された数字がいずれも 1 桁で小さいので，解答が小さい数字で答えられたのである。ここにもアンカリング効果が生じているといえよう。

2 フレーミング

フレーミングとは，アンカリング・ヒューリスティックスと同様に，経験的考えがフレーム（枠組み）としてその後の認知や判断を決める働きを指す。

次の問題は既存の考えが枠組みをつくり，そのフレーミング効果が解決を困難にする例である。

* * *

◆**問題**：図 1-10 の 9 つの黒い点を線で結んで下さい。そのとき，1〜4 の条件で鉛筆やペンを 1 回も紙から離さないで一筆書きで 9 個の点を全部通るようにして下さい。

⑴ 5 本の線で結んで下さい。

⑵ 4 本の線で結んで下さい。

⑶ 3 本の線で結んで下さい。

⑷ 1 本の線で結んで下さい。

⑴は簡単にできるはずである。しかし，⑵以下はかなりの難問である。というのは，たいていの人が次のような三つの経験フレームを無意識のうちに自ら

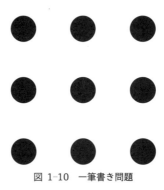

図 1-10 一筆書き問題

に課し，思考を制限してしまうからである。すると⑵の 4 本での解決策は見当たらなくなる。この場合のフレーミングの一つ目は，線は 9 個の黒丸がつくる四角形の内側だけで，その枠を大きくはみ出して外側に線を延ばしてはならないと考えて，制限してしまうことである。この一つ目のフレームを取り払って解決策を考えれば，4 本線の解答は見えてくる。二つ目のフレームは，線はそれぞれの黒丸の中心を貫かなければならないと考えて，制限してしまうことである。この二つのフレームは問題文ではまったく制限していないが，自分で過去の経験からフレームをつくって問題解決を難しくしているのである。これが経験による自己フレーミングである。二つ目のフレームを取り除けば，3 本線の解答もできるはずである（答は章末）。

　しかし，これでは⑷には答えられない。もっと発想の転換が必要である。問題文では線で結べと言っているだけで，直線で，とは言っていない。しかし，線は直線であるとフレーミングしてしまう場合が多い。曲線で結んでもいいわけで，そう考えれば黒丸は曲線 1 本で容易に結ぶことができる。

　ここまで，ヒューリスティックスによる制限された認知や不合理な判断の具体例や実験例をあげてきた。これらの研究により，人の判断は，ヒューリスティックスによって認知バイアスがかかり，ときに無意図的に誤った判断をしてしまうことが明らかにされた。しかし，だからといって直感的認知が不適当というわけではない。生活のうえで即断は必要でむしろ，全体的に見ると実は"適応的"なのである。進化心理学的にいえば，進化の過程でこのような直感力を身につけ，新しい状況に即座に対応してきたからこそ人類は生き残ってきたといえるのである。

③ 進化と認知スタイル

　まず，次の問題に答えてみよう。

◆**問題**：図 1-11 のような 4 枚のカードがある。それぞれのカードには，片面

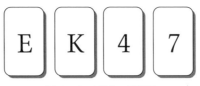

図 1-11　4 枚カード問題

にはアルファベットが書かれ，その裏面には数字が書かれている。つまり，左の 2 枚のカードの裏には数字が，右の 2 枚のカードの裏にはアルファベットが書かれている。これらのカードは，「カードの片面に母音が書かれていたら，その裏面には偶数が書かれている」という規則になっているという。それは本当だろうか。その真偽を知るのに 2 枚のカードを裏返せるとしたら，どのカードを裏返したらいいだろうか，考えてみよう。

　これは，ウェイソンによって考案された「4 枚カード問題」である。設問が簡単なので，世界各国でさまざまな対象者に数多くの実験が行われている。簡単そうだが実は難しく，正解率は 10% 以下である。E と 4 を選んだら，それは，典型的な誤りの解答である。正解は E と 7 である。

　E は誰もが正解する。しかし，論理的にはもう 1 枚，7 の裏も確かめなければならない。もしそこに，たとえば A と書いてあったらルールに反するからである。しかし，多くの人は 4 と答える。よく考えれば分かるが，このルールでは，4 の裏はどんなアルファベットでもいいのである。

　それは，人には，誤答を確かめるよりも，正答を確かめたいという確証傾向があるからである。このため，偶数を裏返したくなるのである。

　世界的に正答率が 10% 以下ということは，このような論理的推論が人はあまり得意ではないということであろう。人は，こんな弱い論理の中で日常生活をしているのかと思うと情けなくなる。が，そんなことはない。社会生活では人はもっと賢い思考を働かせているのである。そのことをトピックス 1-12 の実験が明らかにしているので試してみよう。

　では，なぜ，「4 枚カード問題」は難しく，裏切り者の問題がやさしいのであろうか。

トピックス 1-12

未成年の飲酒はなぜ簡単に見破れるのか

●裏切り者探知能力の進化●

　あなたが，ある居酒屋で店員をしているとしよう。その店は規則に厳格で，アルコールは成人と確認してからでないと売らない。つまり「20 歳以上ならアルコール OK であり，未満ならダメである」ということだ。客はカードを持っていて，その片面には年齢が，裏面には飲みたいものが書かれている。年齢は偽っていないとしたら，規則を守るためには，店員として，どの人のカードを裏返す必要があるのだろうか。2 枚だけ裏返せるとしたら，誰と誰？

　最初の人のカードには「21」と書いてある。20 歳以上なのでアルコールは OK となり，カードを裏返す必要はない。2 番目の人はオレンジジュースが飲みたいのだから，これも問題なし。3 番目の人はジントニックが飲みたいのだから，20 歳未満でないことを確かめるため，カードを裏返す必要がある。4 番目は「16」なので，アルコール類が飲みたいのかを見るためにこの場合もカードを裏返す必要がある。

　つまり，3 番目と 4 番目のカード 2 枚が正解である。この問題は，多くの人が難なく正解する。問題が簡単だったようだ。しかし，この問題の性質は実は，本文で説明した「4 枚カード問題」と同じ構造で，規則に反するカードを見つけることである。

　人には，裏切り者を見つける特殊能力がある，といえるかもしれない。

　裏切り者の問題の正解率は，実に80％以上である。同じ論理の推理問題なのに先のカード問題の10％とは対照的である。その理由として，一般的には，未成年の飲酒問題は具体的でなじみがあり，人は抽象的なものよりなじみのあるものの方が，考えやすいと説明されている。しかし，進化心理学者は，未成年飲酒問題で正答率が上がるのは，問題がなじみ深いだけではなく，人は裏切り者を見破る探知能力を進化の過程で身につけたのだと説明している。

　そこには，人類心理の進化が関わっているという。つまり，裏切り者を探すことは，部族生活上，極めて，重要だったので，論理的推理とは別に，このような判断能力が備わったのだという。裏切り者は，集団を破壊する。そこで，その探知能力を進化させたとしている。人の認知システムは，抽象的な問題を解くために進化したのではなく，生存的問題を解くために発達してきたことが理解できよう。

◆ p.24 図の牛の見え方　　　◆ p.28 の問題の解答

図 1-12　牛の見え方

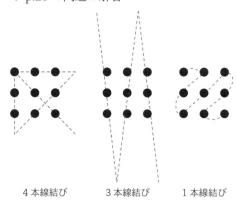

4本線結び　　　3本線結び　　　1本線結び

図 1-13　9黒丸の解答例

第2章　感情と情緒の心理

1◆　感情の重要性

　感情は，私たちの心の中で極めて重要な位置を占めている。感情がいかに私たちの日常の生活と関わっているか，また人生と関わっているか考えてみると，その関係の深さが分かる。

　念願の大学入試に合格したときの喜び，逆に，不合格だったときの悲しみ。重大場面で失敗したときの自らへの怒り，脅迫されたときの恐怖，孤独の中の寂しさ。負けたときの悔しさや劣等感，勝ったときの誇りと優越感。家族との愛情，友達との友情，恋人との情愛，団体戦で勝ったときの仲間との感激などが思い浮かぶであろう。

　このような感情的体験が次々と思い出されるのは，私たちの生活や人生が感情に深く関係しているからである。では私たちの生活から感情を除いてみたらどうなるだろうか。ゲームに勝っても喜ばず，負けても悔しくなく，ただ客観的数字を見て勝ち負けを知るという世界となる。人を憎むこともない代わりに，愛情も感じない，幸せも感じられないだろう。友人が急に亡くなっても悲しみを感じるわけでもない。大きな熊に出会っても恐怖感はなく，ただ大きな熊が近づいてきたなと思うだけである。熊が向こうに行ってしまっても，安堵の胸をなでおろすわけでもなく，熊の後ろ姿を見ているだけという世界である。

　これではまるでコンピュータの世界である。最近ではコンピュータ仕様のAI ロボットにも感情処理を内蔵させ人間らしくさせているという。このことから，人間が人間的であるということは，私たちが感情をもち，一つひとつの出来事に喜怒哀楽の情緒を感じ，その感情によって行動しているからだということが分かる。人は知的動物といわれるが，それと同等，あるいは，それ以上に感情的動物といえよう。

　感情的というと，マイナスのイメージもあるが，感情的であることは，悪いときもあるが，人生を豊かにする大切な心理である。むしろ，感情的に豊かな

トピックス 2-1

感情は生き残るための進化

●プラチックの情緒の構造と分類●

　プラチックは，情緒を人が環境に適応するための順応機能であると考え，感情進化説を唱えている。微生物から人間にいたるすべての生物に情緒が存在しており，それが生存を促すためにパターン化され，身体の全体的反応になったという説である。このため，情緒を主観的体験や局部的な生理学的過程だけでなく，全体としてとらえている。

　脅威から自分を保護するために，危険を認知したら，恐怖を感じ，逃走する。これにより，生き延びることができる。恐怖を感じ，逃走することが本能的適応メカニズムである。プラチックは，八つの基本的な適応機能を想定し，それに対応して八つの情緒を一次的情緒としている。ただし，日常生活での情緒は，図のように基本的情緒が混合して現実の多くの情緒を生み出しているとしている。

　この八つの機能は，それぞれ対になっ

ており，対応する情緒も両極的な対称をなしている。たとえば，破壊と保護は対称をなして，対応する怒りと恐れも対称をなしている。怒りという主観的情緒体験は，「破壊」の機能と対応しており，恐れの情緒は，「保護」の機能と対応している。具体的には，前者は攻撃行動，後者は逃走行動という，各々の行動を生むが両者とも適応的意味をもっている。

図　プラチックの情緒の立体モデル
(Plutchick, 1962)

プラチックの情緒と適応機能の関係 (Plutchik, 1980)				
・刺激事象	→ 認知	→ **情緒**	→ 行動	→ 効果 (適応機能)
・脅威	→ 危険	→ **恐怖**	→ 逃走	→ 保護
・邪魔者	→ 敵	→ **怒り**	→ 咬む，叩く	→ 破壊
・潜在的配偶者	→ 所有	→ **喜び**	→ 求愛	→ 生殖
・大切な人を失う	→ 放棄	→ **悲しみ**	→ 泣く	→ 再統合
・仲間	→ 友達	→ **受容 信頼**	→ 分かち合う	→ 親和
・いやな物	→ 毒	→ **嫌悪**	→ 吐く	→ 拒否
・新しいなわばり	→ 好奇心	→ **期待**	→ 調査する	→ 探索
・思いがけないもの	→ 何だろう？	→ **驚き**	→ 立ち止まる	→ 見当づけ

生活こそ，人間的な生き方であるといえるかもしれない。

　ここでは，このように人間的生活に重要な意味をもっている感情についての心理学の研究を紹介していく。

2◆　情緒という感情

　感情というとすぐに頭に浮かぶのが喜怒哀楽の情緒であろう。心理学では短期的な比較的強い感情を情緒という。心理学でいう情緒はまず，快と不快に大きく分けられる。喜怒哀楽でいうと，喜と楽が快，怒と哀が不快となる。快感情（ポジティブな感情）は，喜び，うれしさ，幸せ，楽しみなどで，不快感情（ネガティブな感情）は怒り，恐怖，寂しさ，悲しみ，屈辱感などである。ポジティブな感情は心理的に好ましいが，ネガティブな感情下で長時間過ごさざるを得ないと，大きなストレスとなる。

　ところで，私たちは日常生活で当たり前のように感情や情緒を感じるが，情緒を感じるということはどういうことなのか，改めて心理学的に考えていく。

　私たちが「最高にうれしい！」とか，「悲しくて泣きたい！」と感じ，口にするとき，どのような心理的変化が生じているのであろうか。心理学では，感情・情緒を感じるのは次の三つの要素によるとしている。まず，この3要素について説明していく。

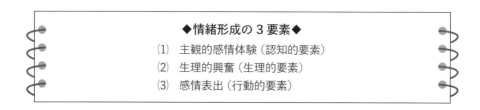

◆情緒形成の3要素◆
　⑴　主観的感情体験（認知的要素）
　⑵　生理的興奮（生理的要素）
　⑶　感情表出（行動的要素）

⑴ 主観的感情体験

　主観的感情体験とは，喜びや悲しみなど図2-1に示すような，私たち自身が日常生活で感じる一つひとつの情緒である。この感情体験は，誰もが持つが

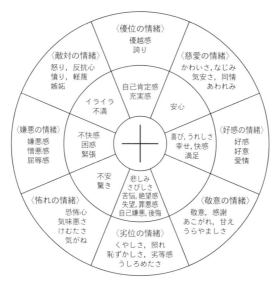

図 2-1　対人関係と主観的情緒の分類（円の外側が対人方向性が明確
な情緒，内側が自己内情緒）

　しかし，感じている本人にしか分からない。「本当に怖かった」「本当にうれし
かった」と言われても，そのときの怖さ・うれしさを体験し感じているのは当
の本人の主観だけで，周りの人はそれを聞いて，怖さ・うれしさという感情を
想像するだけである。本人が感じていた怖さ・うれしさと，それを聞いた人が
想像している恐怖心・喜びが同一のものであるという保証はない。状況的に見
て，こんな怖さだろうと想像しているだけである。しかし，誰もが似たような
体験をもっているので，怖い・うれしいという感情は分かる。感情は主観的な
体験だが，状況と当人の言葉から推理し，相手の人の体験している感情を想像
し，その感じを追体験することができる。これが，共感である。人は，相手の
感情に共感できるのである。私たちは生活の中で多くの感情的経験をして，多
くの情緒的な言葉でそれを表現し，そのことをコミュニケーションを通して理
解し合い，お互いの感情を深く正確に共感できるようになる。人は，人と感情
を共有し，共感することにより，人間関係を深めることができる。
　「その気持ち，その感じ，よく分かる。私も同じような体験がある」と言う

とき，共感が生じる。置かれている状況（たとえば，恋人とケンカした）から，相手に生じている情緒を推察できる。そして，その人の「寂しい」という言葉により，さらにはっきりとその感情に共感できる。情緒は主観的にしか感じられないが，その情緒を共有することで，感情的生活を充実させることができ，共感できる。それにより，親しい人間関係をもつことができる。そんな人間関係をもつことが，人生を豊かにするといえよう。

　主観的感情の分類としては，図2–1のような諸情緒があげられる。

■2）生理的興奮

　感情的になると，生理的に興奮する。感情や情緒は生理的興奮と結びついている。生理的興奮のない大喜び，頭に血がのぼらない激しい怒り，心臓がドキドキしない大恐怖などはありえない。人間はコンピュータと異なり感情をもっているというが，それは生理的興奮が生じ情緒的反応を伴うからである。

　では，この生理的興奮はどのようにして起こるのであろうか。それは，脳や神経に関係する。人の脳は知的に大きく進化してきた。しかし，感情は，脳の進化上，より原始的な領域に関係し，視床下部や大脳辺縁系，なかでも扁桃体と強く関係している（p.43の図）。この領域から分泌される脳内ホルモン（神経伝達物質）が，神経系を通して，脳の各所に伝えられることにより興奮が生じ，感情が生じるとされている。生理的興奮は，自律神経の交感神経系の働きに強く関係する。そこでまず，人の神経システムについて概観しておく。

　人の神経系には，脳の中枢神経系と，その脳と内臓や手足など体全体の部位をつなぐ末梢神経系とがある。中枢神経は，脳と脊髄からなり，末梢神経は，身体全体に張りめぐらされている。この末梢神経は，体性神経系（運動神経系と知覚神経系）と自律神経系（交感神経系と副交感神経系）の2系統がある。そして，各々が（　）内に記したように，さらに二つずつ系統がある。図2–2に示すように，全体が2×2の四つの系統に分かれている。

　一つずつ説明していく。体性神経系の一つ，運動神経系は，自分の意志で体を動かすときに使う神経系で，この神経系が脳の指令を身体全体に伝達し，顔

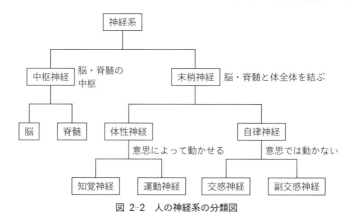

図 2-2　人の神経系の分類図

や手や足を思いどおりに動かすことができる。手を上げようと思ったとき，手が上げられるのはこの神経の働きによる。もう一方の知覚神経系は目や耳，皮膚など五感の感覚受容器の情報を脳に伝える。これにより脳は，外部の情報を得ることができる。手が物に触れたときの手触りが脳に伝えられ，痛い，と感じたり，ふんわりしているなどと感じられたりするのである。

　他方，自律神経系は，心臓や胃などの内臓器官，汗腺，血管などと繋がっており，身体保持の機能をコントロールしている。この神経系は基本的には自分の意思では動かすことも止めることもできない。生体が自律的に制御している。足は止めようとすれば止められるが，心臓は止めようと思っても止められない。この自律神経系が情緒の興奮と深く関係しているのである。このため，感情的になったときは，自分の意志に反して心臓が高鳴ったり，人前では止めたいのに汗が額を流れたり，顔の血管が開き赤面したりしてしまう。このため，情緒の生理的興奮は，自分ではなかなかコントロールできなくて困ることになるが，それは自律神経系が支配しているからである。

　この自律神経系には，①交感神経系と②副交感神経系の二つの系がある（図2-3）。通常，人がリラックスした心理状態のときは，副交感神経支配になっている。一方，交感神経系は，緊急対応する機能である。生体が緊急事態に直面したときに身体（自分）を外敵から守るために交感神経系支配になる。すると

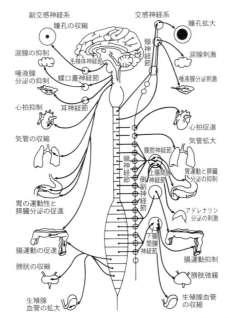

図 2-3　交感神経系（右側）と副交感神経系（左側）の働き

アドレナリンなどのホルモンが分泌され，生体が興奮状態となる。このため，瞳孔が開き，心拍が速まり，呼吸が大きくなり，汗腺から汗が出る，いわば戦いの準備状態となる。戦闘体制をつくる神経系といえる。たとえば，突然，大きな犬に吠えられたときの生理-心理状態は，交感神経が働き始めた状態である。

　ところが，その犬が鎖につながれていて安全だと分かったとする。そうなると，その緊急体勢を元の状態に戻すことになる。そこでは，副交感神経支配となり，アセチルコリンなどのホルモンが分泌される。副交感神経系は，身体をリラックスさせる働きをする。副交感神経支配の下，瞳孔は小さくなり，心拍や呼吸はゆっくりとなり，胃腸は動き出す。

　心理学では，このような感情の興奮状態から生じる生理的変化を測定するために，ポリグラフという装置を以前から開発している。これは，脳波，発汗（皮膚電気反応），脈拍，呼吸などを同時に測定することができ，感情状態の生

トピックス **2-2**

悲劇を観て泣き，落語を聴いて笑う

●泣きと笑いの心理的効果●

泣きの心理

人生は泣き笑い，といわれる。悲しくて大泣きして涙を流す，うれしくて大声をあげて笑う，泣きと笑いは人の感情表出として代表的である。この泣きと笑い，実は，人間に特有の感情表現でもある。

悲しみの涙は人だけである。涙には，目の角膜をうるおす基本的涙，目のゴミなどを流し出す反射的涙，それと感情的興奮による感情的涙の3種類がある。このうち，悲しみや喜びによる涙があふれる感情的涙は人間だけの特徴である。なぜ，人は悲しいと涙を流すのか，それについては，諸説ある。精神分析学的には涙を流し，泣くことに感情的にカタルシス効果（浄化作用）があるとする。また，生理心理学的には，涙にストレス解消ホルモンのコルチゾールが含まれており，ストレス緩和に役立つとされる。社会心理学的には，涙を見せることにより窮状を訴え，救助を求める対人コミュニケーション手段であるとされる。

笑いの心理

笑いは，英語ではラフ（Laugh）とスマイル（Smile）に大別される。日本語で笑いというと両方が含まれるが，後者を特別に表すときは，微笑み（ほほ笑み）という。この2種類の笑いは，進化上の系統が異なり，ダーウィンが発見したように笑い（ラフ）は，優越からの攻撃心の表情に由来し，他方，微笑みは，防衛のための従属を示す表情で，相手からのそれ以上の攻撃を止めさせるコミュニケーション手段となっている。

笑いは，その心理的効用の研究が進められており，大笑いすると緊張が緩和され，ストレス解消作用がある。実際，落語を聴いた前後にストレスホルモンのコルチゾールを測定すると低下しているなど，笑いの健康的効果について臨床的，また実証的研究が進められている。

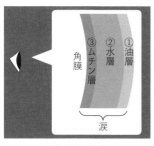

図　涙の構成

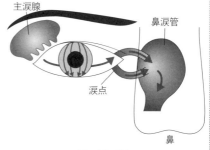

図　涙の流れ

理的指標を得ることができる。

　情緒を感じるのは生理的に興奮するからである。その生理的興奮を司るのが，神経伝達物質（脳内ホルモン）であり，この脳内ホルモンの分泌に，最も強く関わっているのは，大脳辺縁系である（トピックス 2–3 の図を参照）。その中でも，アーモンドの形をした神経の集まりの扁桃体は特に恐怖などネガティブな情緒と強く関係している。目や耳から，脅威対象を感じとるとその情報は即座にこの扁桃体に伝わる。そして，前述の自律神経が交感神経支配となり，アドレナリンやノルアドレナリンが分泌され，生体が外部の脅威へ対応する準備状態をつくる。このとき，人は，主観的に恐怖や怒りの情緒を感じる。

　このように，アドレナリンやノルアドレナリンは，脅威（ストレス）に対して，戦う緊張を起こさせる。ただし，この状態が長く続くと，これらの生成が追いつかず，逆に，やる気を失い，不安に陥り，自律神経失調などの支障をきたし，ウツ状態になることもある。

　一方，外から快い刺激を受けると，その情報は，知覚神経系を通して快楽中枢と呼ばれる大脳辺縁系の腹側被蓋野や扁桃体のすぐ前にある前脳側底核に伝達される。ここで神経伝達物質のドーパミンが分泌され，脳内に喜びや快感の興奮をもたらし，主観的にも快感を感じる。この快状態は何ものにも代えがたい幸福感をもたらす。ドーパミンは，単に快感をもたらすだけでなく，快感をさらに求める感情と欲求を高めるように働く。そのために，その快感を際限なく求めようと行動することになる。ギャンブルや麻薬，酒などの快感は，極度にそれを求め続けることから依存症になりかねない。

　ギャンブルで一度，当てたことがある人は，経験済みであろうが，大当たりすると，そこで止められない。"もっと"と追い求めたくなり，止まらない。それがドーパミン作用の怖さである。

3）感情表出

　感情は主観的な体験なので，他の人には，その人の感情は直接は分からない。しかし，感情や情緒は顔や身体や動作などに表わされるので，それを見る

トピックス 2-3

情緒に関係する大脳辺縁系の扁桃体

●脳の進化と機能の拡大●

　下の図は，脳の断面図である。これで，脳の中心部の様子が分かる。脳は，下から上へ，中心から外へ進化してきている。脳の進化は太古からの動物の進化を示している。脳の下部の基底部は原始的部分で延髄や中脳などの脳幹部分とその横の小脳（p.45 の図）で構成されており，体の基本的な動きをコントロールしている。私たちが意識せず，まっすぐ歩けるのは，この部位の働きによる。

　この下層部分は，外部刺激に対して本能的に反応するので，反射能といわれ，爬虫類などでは，この脳が主要である。このため，爬虫類脳ともいわれている。その後，進化により，外部刺激に対して，快・不快，好き・嫌いの感情で反応する大脳辺縁系が形成された。これが脳の中層部にあり，犬や猫などは，この大脳辺縁系が主に反応している。このため，哺乳類脳ともいわれる。さらに進化

が進み，人類は，理性的に判断する大脳（理性脳）をその上に全体を覆うように形成した。

　人ではこの理性脳が外部刺激への対応に大きな役割をもつようになった。人間は外部刺激に対応して上記，三つの脳で対応しているのである。特に，情緒的反応を司っているのは大脳辺縁系の働きである。最近，大脳辺縁系でも情緒を司っているのは，主に扁桃体であることが判明してきている。さらに，扁桃体は，主にネガティブな感情の不安や恐怖に対応していることも分かってきた。その扁桃体は記憶を司る海馬の前方に接している。トラウマなど記憶にネガティブなものが残りやすいのは，このためともいわれている。他方，その扁桃体のすぐ前の前頭葉にある側坐核は，快楽など，ポジティブな感情に対応している。

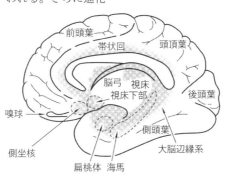

図　脳の横断面（灰色部が大脳辺縁系）

と相手の人の感情や情緒を推察することができる。なかでも感情は顔の表情によく表れる。表情は，漢字で「情を表す」と書く。人の顔にはおよそ 30 もの筋肉があり，これにより表情がつくられる。このことから，この筋肉は表情筋と呼ばれている。他の動物は顔にそれほど多くの表情筋はなく，人間のような豊かな表情はつくれない。人の表情筋の多さは独特なのである。それは，人類がコミュニケーションをスムーズにするため，進化させてきたとされる。

　では，人は，どんな感情のとき，どんな表情がつくられるのであろうか。また，人は，どこまで表情からその人の情緒を読みとれるのであろうか。表情研究は進化論を唱えた有名な生物学者ダーウィンにより始められた。ダーウィンは，動物の表情と人間の表情を比較して共通点を見出し，人の表情は進化の結果だとしたのである。このため，表情は文化を越えて人類共通である。私たちは外国の映画を見ても，俳優の表情から感情を読みとることができる。外国人と会っても，言葉は分からなくても表情から基本的な感情を読みとることができる。心理学者のエクマンは，このような表情表出や表情判断が基本的情緒においては文化を超えてできることを国際比較して，実証している。表情は人類

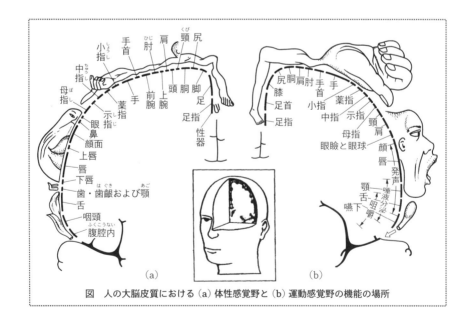

図　人の大脳皮質における (a) 体性感覚野と (b) 運動感覚野の機能の場所

トピックス 2-4

大脳は前部で考え，後部で見て，側部で聴く

●大脳機能局在説●

心理学は心を研究対象とするが，その心を司っている主要な身体部位が，脳である。脳には神経細胞（ニューロン）が集中し，人の精神作用の大半をカバーしている。脳の重さは，1,300 グラム前後で，体重の約 2% であり，千数百億個のニューロンとそれを支えるグリア細胞でできている。ここで情報の授受，分析を行い，外界に対応し，また生体の維持を行っている。心理学で扱う認知・感情・欲求などの各心的機能は主にこの脳の働きによる。脳は大別すると，大脳，間脳，小脳に分けられ，大脳の底辺部に，感情と深く関係する大脳辺縁系（構造的には内側奥）がある。大脳には，ニューロンが 140 億個，小脳には千億個あり，これらが，相互に情報伝達と交換を行っている。

人間の場合，大脳が大きく，その表面が 2〜3 mm の厚さの大脳皮質に覆われている。この大脳皮質には多くしわがあり，これにより表面積は大きくなり，広げると新聞紙 1 枚相当にもなるという。この皮質に神経細胞がつまっていて，複雑な神経回路をつくり上げており，考えたり，感じたりなど，大半の心的作業をここで行っている。この大脳は，図に示すように，外側から見ると，表面にいくつかの大きな溝があり，それをもとに，大別すると前頭葉，頭頂葉，側頭葉，後頭葉の 4 葉に分けられる。そして，各々が別々の心理的機能をもっている。頭の前部の前頭葉前部は，考えたり，判断したりするなど知的機能を司っている。頭の上部，前頭葉の後部で頭頂葉と接する領域は，運動感覚野と呼ばれ，身体を動かす運動指令を司っている。そこに接している反対側の頭頂葉前部は，体性感覚野と呼ばれ，触覚など感覚の認知機能を司っている（左頁にその機能図が示されている）。脳の一番後ろの後頭葉は視覚機能を司っている。脳の側面，特に左脳の側頭葉は聴覚機能や記憶機能，言語機能を司っている。このように大脳の部位により機能が異なるという説を大脳機能局在説という。

運動感覚野
運動の指令を発信

体性感覚野
触覚・痛覚・圧覚など

前頭前野
意志・思考
など

頭頂葉

前頭葉

後頭葉

側頭葉

嗅覚野
臭いを認識

小脳

聴覚野
音を認識

視覚野
画像認識

図　大脳の 4 部位の機能

が進化により共通にもっている感情のコミュニケーションの手段となっている。ただし，恥じらいの表現など細かな表情は文化により異なっている。

　表情は人と人との関係を結ぶ重要なコミュニケーション手段であり，同時に表情はその人の魅力のポイントでもある。笑顔は人を引きつける。笑顔の人は人から好かれる。表情は変化に富み，その分たくさんの情報や思いを交換することになる。

　ところで人には，表情だけでなく，言葉を使わないさまざまなコミュニケーション手段があり，これらをノン・ヴァーバル（非言語的）・コミュニケーション（NVC）と呼ぶ。NVC を心理学的に研究する分野は，社会の国際化に伴いこれまで以上に盛んになってきている。顔の表情以外にも身振りや手振り，動作，姿勢や歩き方，しゃべり方などがその人の心理状態を意識的，無意識的に伝達することになり，それが研究対象となっている。動作や姿勢からその人がどんな心理状態にあるのかについては，世界の共通性と文化による独自性が見られ興味深い分野である。たとえば，図 2-4 は，人の動作を簡単な線画で表しているが，これだけで，人の心理状態を推察することができる。①～⑧の線画はそれぞれ，どんな感情を表しているか，考えてみよう（答は章末を参照）。

図 2-4　姿勢から読みとれる心理（各線画はどんな情緒を表しているか）
(Rosenberg & Langer, 1965)

■ トピックス 2-5

140 億の神経細胞とシナプス

●神経伝達物質による感情の生起●

　大脳は 140 億個といわれる神経細胞（ニューロン）とそれを支えるグリア細胞から成り立っている。このうち，神経細胞は情報の授受に特化された細胞で，情報を相互に電気的，また化学的に伝達している。

　一つひとつの神経細胞は，図のように三つの部分から構成されている。細胞核のある細胞体，他の神経細胞から情報を受ける多くの樹状突起，それと情報を他の神経細胞に伝える一つの軸索である。情報の伝達は同一細胞内では，活動電位の変化により電気的に伝達され，他

方，細胞間では後述するシナプスにおいて神経伝達物質により化学的に伝達される。

　140 億の神経細胞の軸索と各細胞のもつ多数の樹状突起とが結びつき，神経細胞ネットワークが形成されていて，そこで膨大な情報の授受が行われている。これにより，複雑な感覚，感情，思考や判断がなされているのである。

　神経細胞間の情報伝達は，軸索の先端と樹状突起の先端の間でなされる。この場所をシナプスという。両先端は直接接触しておらず，図のようにわずかに間隙がある。シナプスの軸索側の小胞から神経伝達物質が先端に放出され，樹状突起側の受容器にそれが受け入れられると情報が伝達されることになる（ただし，すべてが受け入れられるわけではない）。ここでは化学的に伝達される。

　そして，受容器に入った神経伝達物質は再び電気信号化され，細胞内で伝導され，軸索先端で再びシナプスに放出される。

　たとえば，扁桃体などから大脳皮質の各神経細胞へ危険信号が伝えられ，神経伝達物質のノルアドレナリンが，多くのシナプスに放出され，受容され，伝達される。これにより，脳内に恐怖状況が生じる。他方，ドーパミンが放出され，受容されると脳内に快感状況が生じることになる。

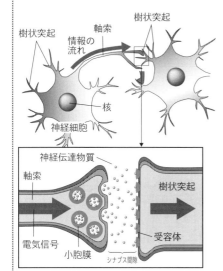

図　神経細胞とシナプスによる情報伝達

3◆ 情緒生起のメカニズム

　情緒は，ここまで見てきたように主観的感情体験，生理的興奮，感情表出の3要素で成立している。そこでここでは，これら3要素の関係やその発現順序の理論について見ていく。これらの関係を調べていくと，情緒が生じる心理メカニズムがより明確になる。

　たとえば，1人で山道を歩いていたら，突然，大きな熊がうなり声をあげて襲ってきたとする。そんなときどう感じ，どう対処するか。たいていの人は，怖くなって（恐怖を感じて）逃げ出そうとすると答えるであろう。そのときは，恐怖のため，身体が震え，足がガクガクする。その心身の状態について，怖く

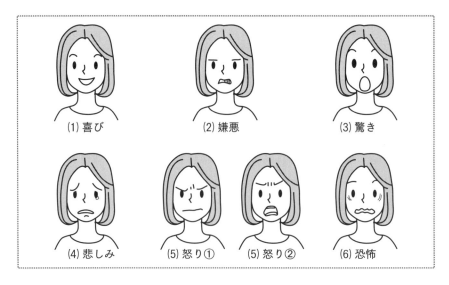

(1) 喜び　　(2) 嫌悪　　(3) 驚き

(4) 悲しみ　(5) 怒り①　(5) 怒り②　(6) 恐怖

トピックス **2-6**

怒ると眉がつり上がり，眉間にタテしわができる

●エクマンの基本情緒別表情分析●

　感情は表情に表れる。では，ある情緒を感じたとき，どんな表情になるのか，どの表情筋が動き，どんな顔面変化が生じるのか。エクマンの基本的表情分析に基づいて具体的に見ていく。

（1）喜びの表情

　いわゆるハッピー・スマイルである。特徴は，口と目である。唇の両端が後方，上に引っ張られる。頬があがるため，目の下まぶたが上にあがり，目が細まるため，下まぶたに皺ができる。また目尻が下がる。

（2）嫌悪の表情

　上唇があがり，下唇もあがり，上唇を押しあげる。眉が下がり，鼻に皺が寄る。

（3）驚きの表情

　眉が高くあがる。額に横皺ができる。目は大きく見開かれ，白目が見える。あごが下がり，口が開かれる。

（4）悲しみの表情

　両眉が，眉間に引っ張られ，その部分が盛りあがり，三角形ができる。目は伏目がち，涙を流すこともある。唇は両端が下がる。

（5）怒りの表情

　顔全体が緊張し，硬直する。両眉は中央下方に強く引っ張られ，逆八の字になる。眉間には強い縦皺ができる。

　目が緊張し，硬直し，飛び出す。また，寄り目になる。鼻も緊張し，鼻孔が広がる。口は固く閉ざされるか，突き出されるか，または大きく四角に開けられ，怒声が発せられる。

（6）恐怖の表情

　顔全体が緊張と震えに包まれる。左右両方の眉が中央に引っ張られ，このため眉はまっすぐになる。そして眉間は狭くなり，間に縦皺ができる。また，眉があがるため，額には横皺ができる。目は上まぶたがあがり，白目が見える。下まぶたも緊張し，上にあがる。このため下の白目は見えない。口も緊張し，後ろに引かれ，横にまっすぐになる。

　エクマンはこのように表情筋の分析を行い，FACS（Facial Action Coding System）を開発している。

〈1〉　　　　〈2〉　　　　〈3〉　　　　〈4〉　　　　〈5〉　　　　〈6〉

（〈1〉～〈6〉はどのような情緒を表していると思うか）

図　エクマンの基本的情緒の表情の顔写真（答は，上記の番号に対応している）(Ekmann, 1973)

て逃げ出し，怖さのため手足が震えると言うだろう。ということは，熊を見たら，まず恐怖という主観的感情体験が生じ，それが生理的興奮を生み，恐怖表情と震えの表出（身体的反応）を引き起こす，と考えているからである。図式化すると次のようになる。

刺激の認知（熊）　→　情緒（恐怖）　→　身体的反応（震える）

　この考え方は極めて常識的で納得でき，誰も疑いようがないと思われる。しかし，アメリカ心理学の創設者ジェームズは 20 世紀の初め，この考えを間違いだとし，これは常識のウソだとしたのである。彼の心理学的視点からすると，真実は「怖いから逃げるのではなく，逃げるから怖くなるのであり，手足が震えるから怖くなるのである」と言うのである。これがジェームズの情緒末梢神経起源説である。前述したように，人の神経系は，大きく中枢神経系と末梢神経系の 2 つに分かれている。中枢神経系とは脳であり，末梢神経系は脳と身体の各部位を結んでいる神経系である。前述したように，末梢神経系には脳からの指令を手足など末端に伝える運動神経系と，逆に手足など末端の情報を脳に伝える知覚神経系とがある。

　情緒の末梢神経起源説によれば，熊に襲われたとき，まず身体が震え，足がガクガクする。それが最初である。その情報が知覚神経系を通して中枢の脳に伝えられる。そこで脳は，身体が震えているという情報を得て，これは怖いことだと認知し，恐怖の情緒を感じることになるという。図式化すると，次の順となる。

刺激の知覚（熊）　→　身体的生理的反応（震える）　→　情緒（怖い）の発生

　ジェームズの最も有名な言葉の「人は悲しいから泣くのではなく，泣くから悲しいのである」もこの図式で理解できよう。恋人との別れは悲しく，誰もが涙ぐむ。しかし，この図式では，別れ際に涙が流れてしまい，涙を流している自分を脳が知り，悲しいと思うというのである。大学受験で合格を知ると，喜びで跳び上がるという。しかし，この説では，跳び上ることにより，その喜び

トピックス **2-7**

右脳は鍛えられるか

●スペリーの右脳と左脳の機能の相違●

人の脳は，右下の図に示されるように上から見ると，真ん中で左右に分かれた二つの半球からなっている。それぞれを左脳と右脳という。

左右の大脳半球は，外見的に見る限りは，ほぼ左右対称である。ところが，外見と違いその働きはそれぞれ異なっていることがスペリーにより発見された。その最も大きな差は，言語機能である。左脳の前頭葉に損傷が生じると，話すことができなくなり，同じく左脳の側頭葉に損傷が生じると，相手の話が分からなくなる。

ところが，右脳の同じ場所に損傷を受けても，会話は今までどおりできたのである。このことから，言語の機能は左脳にあることが分かった。それだけではなく，字を書くことも，計算をすることも左脳の働きであることが分かった。

このように，人間の知的行動の大部分が，左脳に支配されているように見えた。このため，以前は，左脳が優位脳，右脳が劣位脳と呼ばれたときもあった。

では，右脳は何もしてないのであろうか。スペリーらは，左右の脳をつないでいる脳梁の切断手術をした分離脳の患者に実験した結果，右脳の重要な働きを発見した。たしかに右脳では，自分が何を見て，何を考えて，何をしているかを言葉で語ることができなかった。しかし，

不完全な図形を完成するなどの空間的・幾何学的な処理は右脳の方が速く正確にできたのである。また，和音の弁別など音楽的な感覚についても右脳の方が優れていることが分かった。そこで，スペリーは，右脳を非言語的非分析的で，状況を空間的映像的にとらえている第二の意識と呼んだ。左脳が科学的なのに対して，右脳は芸術的という研究者もいる。

ただし，通常，人の左脳と右脳は，脳梁という 2 億もの神経繊維の束で結ばれており，情報は，即座に交換され，外の世界に対応している。このため，世間で話題にされているような左脳タイプ，右脳タイプの人という区分はあまり意味がなく右脳だけを鍛えることもできない。元々，左右の脳が，個別に働くことはないのである。

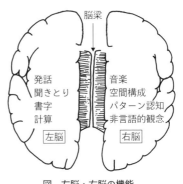

図　左脳・右脳の機能

を感じるのである。このように，ジェームズの学説は常識を覆し，注目され
た。しかし，提唱後ほどなくして生理学者から疑問や反論が出された。その代
表的考え方が生理学者キャノンとバードの情緒の中枢神経起源説である。キャ
ノンらは，次のように考えた。もし，情緒が手足など末梢神経からの伝達によ
り初めて脳で感じることができるとしたら，手足からの神経経路が切断された
場合，情緒を感じることができないはずである。しかし，手足を切断した負傷
者も情緒を感じる。それができるということは，まず脳が情緒を感じているか
らだというのである。キャノンらは熊に出会ったとき，間脳（大脳と中脳の間
にあり，視床や視床下部などからなる）が興奮し，二つの神経伝達が同時に行わ
れるとした。一つは大脳へ伝達され，それにより情緒を感じる。もう一つは末
梢（手足）への伝達で，これで心臓がドキドキしたり，手足が震えたりするこ
とになるという。これを図式化すると，次のようになる。

刺激の認知(熊) → 間脳の興奮 → 大脳への伝達 → 情緒(怖い)の生起
$\qquad\qquad\qquad\qquad$ ↘ 末梢への伝達 → 身体的反応(震える)

　その後，脳の研究が進み，脳が情緒の中心であることがますます明確に証明
されてきている。たとえば，猫の脳の局部に電気刺激を与えると，猫は身体の
毛を逆立てて怒ったり，恐怖反応を示し，また別の局部を刺激すると，安らぎ
の反応を示した。

　こうして，ジェームズの逆説は反論され，情緒の起源についての考えは元の
常識的考え方に戻った。しかし，20世紀後半，認知心理学を背景に新たに，
実証的研究などを踏まえてジェームズ説の再評価も出てきている。たとえば
シャクターは情緒の状況認知と生理的興奮の2つを重視し，情緒生起の生理・
認知2要因説を唱えた。

　この理論は，人がある情緒を感じるには生理的興奮と認知的決定という二つ
の要素が必要だとしている。生理的興奮や身体的反応がないと情緒は生じな
い。しかし，生理的興奮は，どの情緒のときも同じような興奮の状態である。
そのとき感じる情緒が何であるかを決めていない。具体的にどのような情緒を

トピックス 2-8

昼夜，快感を求め続ける脳の報酬回路

●オールズとミルナーの脳内自己刺激実験●

　実験用ボックス（図）に入れられたネズミに，まずレバーを押すとエサや水が得られることを学習させる。その後，オールズとミルナーはエサの代わりに，脳への電気刺激を与えた。脳の部位と情緒反応の関係を知るため，電極を脳の中に刺し，ネズミが手元にあるレバーを押すと脳内の電極から，ごく短時間だけ電流が流れた。もし，この通電効果が不快なものなら，ネズミはレバーを押さなくなり，それが快感を生じるのならレバーを押し続けると考えた。これは，自分の脳を自分で電気刺激するので，自己刺激と呼ばれている。

　実験の結果，中脳にある腹側被蓋野と前頭葉の最も内側にある側坐核を刺激すると，ネズミは昼夜休みなくレバーを押し続けた。このことから，この部位はネズミに特別の快感をもたらす報酬回路であることが分かった。この回路を通して，脳内にドーパミンが放出されていた。人においても同様の報酬回路があることが fMRI（機能的磁気共鳴断層撮影装置）などを用いた実験から明らかにされている。そして，このような知見をもとに，異常に快感を追求するギャンブル依存症などの脳とホルモンの関係や，その治療法の研究が進められている。

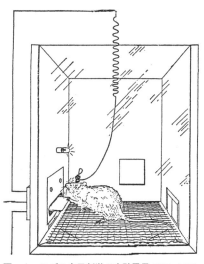

図　オールズの自己刺激の実験風景 (Olds, 1956)

感じるかは，その人の状況認知により決定される。そのときの状況を見て，自分でこの場面は悲しい状況だと判断すると，悲しみを感じ，この場面は喜びの状況だと判断すると，喜びを感じる，というのである。このように，具体的情緒は，認知的に決定することにより特定の情緒の悲しみや喜びを感じることになるとした。このため，同じ生理的興奮でも，状況判断により，ネガティブだと判断すれば悲しく感じ，ポジティブだと認知すれば楽しく感じるというのである。そして，そのことを実験的に証明したのである。この説では，心臓のドキドキや手足の震えなどの生理的興奮や身体的反応は，情緒の種類を決めるのではなく，情緒の強度を決めるとされた。酒の席では，誰もがいつもより感情的になるのは，このためである。シャクターの情緒の2要因説を図式化すると，次のようになる。

刺激 → 身体的反応 → 状況検討 → 情緒判断 → 情緒
　　　　（震える）　　（熊がいる）（怖い状況だ）（恐怖）

　しかし，21世紀に入ると，情緒の生理的興奮は単一であるという2要因説の前提は覆されてきている。脳研究がさらに進み，情緒の種類により，脳内神経伝達物質や分泌されるホルモンが異なることが明らかにされ，また，各情緒により生理的に興奮する部位や，身体的反応に違いがあることも明らかにされつつある。この分野は，現在，さらに詳細な研究が進められている。

◆「図2-4　姿勢から読みとれる心理」の代表的回答　①好奇心　②考えあぐねる　③どうにもならない　④嫌で拒否　⑤リラックス　⑥怒り　⑦恥ずかしい　⑧威張る　（この回答は代表的回答で，人により，また文化により，見方が異なるので，正解は一つではない）

トピックス **2-9**

幸せを感じるための心理的 5 要素

●セリグマンのポジティブ心理学●

　20 世紀の終わり，1998 年に，心理学に新しい流れが生まれた。それが，「ポジティブ心理学」である。アメリカ心理学会の会長に就任したセリグマンは，講演で，これからの心理学は人間の強みや価値など肯定的な側面に焦点をあてるポジティブ心理学が重要である，と提唱したのである。

　それまでの心理学（特に臨床心理学）は，不安や神経症，トラウマなどの心理的な疾患を研究し，いかに治すかという点に焦点があてられてきた。それは重要なことであるが，心理学の半面であり，それで不幸はなくなるが，幸せになるわけではないとした。これからは，人が幸せになるにはどうしたらよいか，というポジティブな側面に焦点をあてた心理学が必要だとしたのである。この講演を契機に，アメリカだけでなく日本を含めた世界の心理学においてポジティブ心理学が盛んに研究され，また実践されるようになった。

　創始者セリグマンは，ポジティブ心理学の目指すところを Flourish（花が咲くような）とし，一時的な幸せではなく，

人生を長く幸せに生きる Well-being（ウェルビーイング）が大事であるとし，その具体的内容として PERMA（パーマ）を掲げた。これは，幸せを感じられる 5 つの心理学的要素の頭文字である。

P：ポジティブ感情（Positive Emotion）
　　…喜びや楽しみ，快い感じなどポジティブな感情をもっているとき。

E：没頭（Engagement）…興味ある活動に集中し，時間や我を忘れて没頭しているとき。

R：よい人間関係（Relationship）…喜びは人と分かち合うことにより，より感じることができる。それができる人間関係があるとき。

M：意味（Meaning）…従事している活動が自分の人生にとって，また，社会にとって意味があるものと思ってやっているとき。

A：達成（Achievement）…活動が成就し，目標が達成できたとき。

　ポジティブ心理学は，これら 5 つの心理要素を継続的にもつことにより幸せな生活を送ることができるとしている。

PERMA

第 3 章　欲求と動機の心理

1◆　生理的欲求

　資格試験のために毎日の勉強に力を入れている人がいる。これは達成欲求が行動を促しているといえる。のどが渇いたので，水を飲もうと自動販売機を探している人がいる。これは飲水欲求に促された探索行動である。講義を聴いていても睡魔に襲われ居眠りしてしまう人がいる。これは睡眠欲求である。

　勉強のように意識的な場合もあれば睡魔のような無意識な場合もあるが，人は，何かをしたい，あるものが欲しいと思い，それを求めて行動する。人は欲求に基づいてその欲求の充足のため特定の行動をする。欲求に基づいて，目標に向かって行動していく。このように，人を動かす内的な力を心理学では，欲求あるいは動機，動因という。逆に，人を動かす外的な環境の力を目標，圧力，誘因という。本章では，欲求や動機にはどんな種類があり，どんな働きをしているのかを中心に考えていく。まず，欲求の種類を見ていく。

　人にはどんな欲求があるか，その全体像や種類と分類について，多くの心理学者が独自の心理学理論も提唱している。それらは概観すると，欲求を大きく2分類していることが多い。そこで，主要な2分類を下表に記し，概説する。

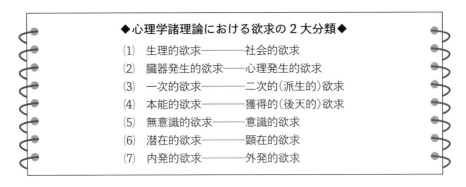

　◆心理学諸理論における欲求の2大分類◆
- (1)　生理的欲求————社会的欲求
- (2)　臓器発生的欲求——心理発生的欲求
- (3)　一次的欲求————二次的(派生的)欲求
- (4)　本能的欲求————獲得的(後天的)欲求
- (5)　無意識的欲求————意識的欲求
- (6)　潜在的欲求————顕在的欲求
- (7)　内発的欲求————外発的欲求

　(1)は，最も一般的分類で，食欲などの生理的欲求と支配欲求などの社会的欲求の2分類である。

　(2)は，マァレーの分類で，(1)に近いが，人の臓器と関連した欲求を臓器発生

的欲求とし，臓器に関連していない欲求を心理発生的欲求としている。

(3)は，学習を研究領域とする行動主義の心理学者の主張で，社会的欲求は，生理的欲求を満たすプロセスで学習されるとする。生理的欲求を一次的欲求とし，発達過程で，そこから派生する社会的欲求を二次的欲求（派生的欲求）としている。ただ，その後の研究で，社会的欲求にも愛着欲求など，一次的欲求が存在することが明らかにされている。

(4)は，マクドゥガルら本能論者の主張で，人には，本能的欲求があるとし，生来の本能的欲求と生まれた後に獲得した欲求とに分類している。

(5)は，フロイトの精神分析の考え方で，無意識の世界に抑圧された性的欲求などの本能的欲求（リビドー）と意識の世界でそれが変形され，さまざまな形に表わされている欲求とに分けている。

(6)は，日常的に人が意識している，あるいは意識できる欲求を顕在的欲求とし，反対に意識はできないが，実際には行動を動かしている欲求を潜在的欲求としている。

(7)は，デシの提唱で，好奇心や興味など内心から行動を促す欲求を内発的動機（欲求）とし，報酬や社会的評価など外から行動を促されて生じた欲求を外発的動機（欲求）としている。

1 生理的欲求の種類

アメリカの性格心理学者マァレーは，大学生の日常の欲求や行動を調査し，また，欲求に関する面接や実験を行い，大量のデータをもとに，人の欲求全般について分類し，一覧表を作成した。そして，その一つひとつの欲求を詳細に分析した。マァレーはまず，人の欲求を大きく二つに分けた。一つは，身体内の臓器と関連して生じる生理的欲求で臓器発生的欲求とし，もう一つは臓器とは直接関係しない欲求で，心理発生的欲求とした。臓器発生的欲求（生理的欲求）はさらに次の枠内にあるように(1)(2)(3)の三つに分類され，具体的には11の欲求がリストアップされている。

◆生理的欲求の種類◆

(1) 欠乏から摂取に導く欲求	(2) 膨張から排泄に導く欲求	(3) 傷害から回避に導く欲求
①吸気欲求	⑤排尿排便欲求	⑨傷害回避欲求
②飲水欲求	⑥授乳欲求	⑩暑熱・寒冷回避欲求
③食物欲求	⑦呼気欲求	⑪毒性回避欲求
④官性欲求	⑧性的欲求	

② ホメオスタシスと生理的欲求

　マァレーがリストアップしている生理的欲求は，生理学者キャノンの提唱した生理的ホメオスタシス（動的平衡）の心理的延長である。生理的ホメオスタシスは間脳の視床下部（図3-1）を基点とする自律神経系の支配により，自動的に働き，身体の全体的バランスを調整し，生体を維持している。しかし，その自動的作用では生体維持が追いつかないとき，自ら体を動かして，問題を解決しようとする。そこで，意識的，無意識的に欲求が生じる。

　たとえば，冬，「寒いな」と思ったとする。そのときすでに身体の方は反応し，発汗作用をなくすため鳥肌が立っている。これは身体が体温を一定に保と

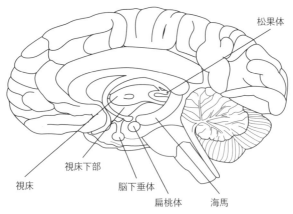

図 3-1　視床下部の位置

トピックス 3-1

丸顔は養護欲求を引き起こす

●本能的刺激−反応パターン●

カメは，親から習うことなく生まれて海に入ったら本能的にすぐに泳げる。ミツバチは訓練もなく，身体を回転させてミツのありかを仲間のハチに伝えることができる。ツルは成長すると美しい仕草で求愛の儀式を行うことができる。

これらはすべて，各動物が生まれながらに遺伝的に伝えられている能力で，特定の刺激に遭うと，それに呼応して正確に反応できるのである。これが本能に基づいた生得的行動である。

動物の本能的行動を比較研究している比較行動学では，本能的行動は遺伝的に固定された行動パターンだとしている。この行動パターンは特定の刺激（サイン刺激あるいはリリーサーと呼ばれる）によって触発され，開始される。

では，人間にも本能的行動があるのだろうか。比較行動学では"ある"とする。

たとえば，下のイラストのうち，どれとどれが可愛いと思うかと問われたとする。ほとんどの人が偶数番号を可愛いとするはずである。それは奇数番号が各動物の大人（成体）のイラストであるのに対して，偶数番号が子ども（幼形）のイラストとなっているからである。

誰でも子どもの顔を見ると，可愛いと感じ，抱きしめてあげたいという気持ちが生じ，保護してあげようという欲求が生じ，慈愛の感情が生まれる。これが母（父）性本能で，本能的行動を引き起こすといえる。子どもの顔がサイン刺激となっている。子どもの顔はどんな動物でも顔が丸く，額も広く，目が大きい。この形がサインとなるのである。同種でなくても，このサインがあると本能的に養護欲求が生じ，養護行動がなされるのである。

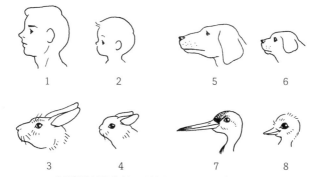

図　ローレンツの本能触発刺激（どちらがかわいいと思うか）(Lorenz, 1963 をもとに作成)

うとする生理的ホメオスタシスが働いているからである。しかし、それでもま
だ寒いときは、保温のため、もう一枚服を着る必要があると思う。これが欲求
である。その寒冷回避欲求から着服行動が生じる。逆に暑くなると身体は生理
的ホメオスタシスの働きで発汗し、気化熱で体温を下げるが、それでも暑いと
きは暑熱回避欲求が生じ、服を脱いだり、クーラーをつけたりする。

　私たちの身体は、生理的な最適のバランス状態を保つための生理的ホメオス
タシスというメカニズムをもっているが、そのバランスが崩れ、それだけでは
適切な状態に戻しきれない場合、生体を維持するために何らかの行動が必要と
なる。その行動を起こすために欲求が生じるのである。代表的な生理的欲求
は、渇きと飢えであり、それに伴う飲水欲求と食欲求である。飲水欲求につい
てはトピックス 3-2 で説明し、食欲求については以下に詳しく説明する。

③ 食欲求

　人は、自らの生命維持のために、また、さまざまな生活や社会的活動をする
ために、かなりのエネルギーを必要とする。そのエネルギーとなる栄養源を外
から食物として摂取している。動物は、空腹を満たす食物（エサ）を捕獲する
ため、摂食行動にかりたてられるが、人間も例外ではない。その摂食行動を起
こさせるのが、食欲求で、それを促すのが、空腹感である。「お腹が空いた」と
感じると、食欲が生じ、食事をとろうとするのである。

　では、どのようなメカニズムで、空腹感を感じ、食欲求が生まれるのであろ
うか。研究初期は、研究者も文字どおりお腹（胃）が空になったら食欲が生じ
ると考え、実験を行っている。その結果、たしかに空腹と食欲求の関係は実証
されたが、しかし、それがすべてではなく、食欲の生起がそれほど単純ではな
いことも分かった。近年、多角的な研究がなされて、食欲のメカニズムが次第
に明らかになってきている。それを順次、説明していく。

トピックス 3-2

水分が補給されないと，情緒不安定になる

●水分の欠乏と飲水欲求●

のどが乾き，飲水欲求が生じる三つの原因がある。第一は，発汗作用による水分放出や運動などによるエネルギー発散などによる体温上昇のため，水分が不足し，飲水欲求が生じる場合である。第二は，血液中や細胞の塩分濃度が上がり，飲水欲求が生じる。塩辛いものを食べると，水が欲しくなるのはこのためである。第三は，循環器系の水分の総量の減少により飲水欲求が生じる。多量の出血をしたとき，のどの渇きを感じるというのはこのためである。

　身体内の水分が不足すると，のどが渇き，飲水欲求が生じる。現代では駅や街のいたるところに自動販売機があり，私たちの渇きを癒してくれる。が，かつては，水飲み場を探すのが大変だった。というのも，食欲よりも飲水欲求は緊急を要するからである。人の身体は，よく知られているように，約60%が水分で構成されている。乳児の場合，70〜80%が水分である。この水分が，体重の1〜2%ほど不足しただけで，塩分濃度が上昇し，脳の視床下部にある飲水欲求の中枢を刺激する。これにより，人は渇きを感じ，水分が欲しくなるのである。4〜5%水分が不足すると脱水感が生じ頭痛に襲われ，20%失うと，死亡することさえあるという。

　人は，身体の大半が水分でできているが，体内ではほとんど水をつくることができない。このため，飲水欲求により，外から摂取しなければならない。水分がとれないと人は4，5日で死亡するともいわれている。それは，水分が不足すると体内の老廃物を流すことができず，血液もスムーズに流れず，体温調整もできないからである。水分不足は，体調だけでなく，のどの渇きから，心理的にも不安定になるといわれている。

約2パーセント不足	約6パーセント不足	約10パーセント不足	約20パーセント不足
〔体重50キロの人なら1リットル〕口やのどの渇き，食欲不振などの不快感	〔体重50キロの人なら3リットル〕頭痛，眠気，脱力感などに襲われ，情緒も不安定に	〔体重50キロの人なら5リットル〕筋肉のけいれん，循環不全，腎不全	〔体重50キロの人なら10リットル〕死亡の危険

図　水分不足と心身の不調

◆食欲喚起の諸研究◆
A　胃収縮説　　B　中枢神経説　　C　血糖値説　　D　レプチン説
E　グレリン説

A　胃収縮説

キャノンは食欲が胃の収縮に関連するという一般常識を実験で確証するために，胃の中に風船を入れて，それを収縮したり，拡大したりして，食欲求を測定した。結果は常識どおり，収縮と空腹感は関係していることが分かった。しかし，それだけでは説明できないことも多く，さらに胃を除去した人にも食欲があることから，他の要因も研究されることになった。

B　視床下部説

食欲は脳からの指令と考えた研究者が，脳の機能局在説に基づき探究した結果，食欲や性欲を司る部位が視床下部（図3-1）にあり，視床下部の外側部分に摂食中枢があることを見出した。この部位を壊されたネズミは，胃に食べ物がなくても，食欲が生じなかった。一方，視床下部の腹内側核には満腹中枢があり，ここが壊されたネズミはエンドレスで食べ続け，丸々太ることが実験で証明された。

C　血糖値説

Bで説明した視床下部の食欲中枢が摂食行動を促すのは，そこに血糖値の濃度が反映されるからである。血液中の血糖値の濃度が下がると，摂食中枢が刺激され，空腹感を生じ，食欲求が生まれ，逆に，濃度が上がると満腹中枢が刺激され，食欲はなくなる。血糖値とは，血液中のブドウ糖の値である。ブドウ糖は，人体の重要なエネルギー源である。日々の活動のために，不足すると供給する必要を知らせ，食欲を生じさせることになる。

空腹の犬に満腹の犬の血液を注入すると，その犬は空腹にもかかわらず食欲が生じない，という実験がある。

D　レプチン説

20世紀後半になると体内のホルモンの研究が進み，視床下部に作用し，食

トピックス 3-3

夢中で遊んでいるとき，報酬はあげない方がいい？

●デシの内発的動機の実験●

　人は好奇心が強い。何か面白いことがあると野次馬になったり，ゲームに熱中して寝食を忘れることもある。そんなときは，やっていること自体が面白いので，報酬を欲しいとも思わない。このような好奇心から生じる好奇欲求を内発的動機（欲求）という。

　デシは，彼の認知的評価理論の中で，外からの報酬はこの内発的動機づけを低減する，と主張している。つまり，報酬は元来の好奇欲求をなくしてしまう，というのである。

　この考えを実証するために，デシは，学生に立方体を組み合わせていろいろな形態をつくるという面白いパズルを何題も出した。その際，あるグループには，決められた時間以内にパズルを解決すれば，1題につき1ドルの報酬を与えるとした。他方，別のグループには報酬については何も言わず支払いもしなかった。

　実験の途中，休憩時間をつくり，その間は何をしてもよい自由時間とした。そして，実は，この自由時間の間に学生が，どのくらい当のパズルで遊んだか，その時間を測定した。

　その結果，報酬をもらった学生よりも報酬をもらわなかった学生の方が倍もパズルで遊んでいた。デシは，このことは，報酬をもらったことにより，内発的動機づけが低くなったことによる，とした。元々，内発的に動機づけられた行為が外的な報酬を獲得することで，その行為の原因が内的要因（好奇欲求）から，外的要因（報酬獲得欲求）に変化したからであるとした。

　報酬をもらわなかった学生は，パズルが面白いから休憩時間もパズルを続けていた。つまり，パズルをすること自体が依然，好奇欲求の充足行動であった。それに対して，報酬をもらった学生は，パズルをすることは報酬を獲得するための手段と考えるようになってしまったのである。自分の行動が自己決定的になされるのではなく，外的に決定されてしまった。デシは，行動は自己決定されることが重要としている。

欲を抑えるホルモンのレプチンが発見された。レプチンは，脂肪細胞から作られ，脂肪が増えると，それを抑えるため，食欲を抑えるように働くとされた。このため，一時，やせるホルモンとしてメディアで大注目された。しかし，研究の結果，本来，レプチンは，その不足が食欲を促す働きをもつものであることが分かってきた。

E　グレリン説

食欲を抑制するホルモンとは逆に，食欲を促進するホルモンもある。グレリンは，空腹時に胃の粘膜から分泌され，脳の視床下部に働き，食欲を促進させるホルモンである。

食欲は人間が生きていくうえで最重要の欲求である。このため，日本人研究者により発見されたグレリンはレプチン以上に注目されてもよい。しかし，現代社会では，肥満が問題となり，ダイエットなど食欲を抑える方に関心が集まっており，そのため，食欲促進のホルモンは社会的にはあまり注目されていない。皮肉な現象である。

④　睡眠欲求

現代社会には，睡眠不足の人が多い。もう少し眠りたい，たまにはゆっくり寝たいと睡眠不足（欲求）を口にする人が少なくない。世界の比較データを見ると，日本人は他の国々の人と比べて明らかに睡眠不足であり，眠りたいという欲求が強い。睡眠欲求があるとき，「眠りたい」と欲求を口にし意識的に行動することも多いが，意識せず眠ってしまうこともある。また，目を開けていたくても，眠ってしまうこともある。授業中，一番前で眠っている学生がいると教員としては，閉口するが，見るからに幸せそうに眠っている姿を見ると，ほほえましくもなる。他方，眠りたいのに眠れないという悩みも多い。睡眠障害は現代病の１つである。

ここでは，人はなぜ眠るのか，眠る必要があるのか，さらには，睡眠中の脳の状態や夢について考えていく。

トピックス 3-4

食欲を促す，おいしさの心理

●舌の構造と味覚の心理●

　食物のおいしさは食欲を促す。そのおいしさは基本的には，味覚により感じる。味覚は舌の表面に一万ほどある味蕾(みらい)と呼ばれる味覚受容器で感じる。下図のように花のつぼみに形が似ているのでこう呼ばれている。味蕾の中には基本5味（甘味，塩味，酸味，苦味，旨味）を感じる各々味覚細胞があり，その情報が脳に伝えられ，味を感じる。

　食欲を促すおいしさの心理を決めるのは，味覚がその中心であるが，実際には，他の感覚器官からの情報が，おいしさや食欲を決定するのに大きく影響している。

　たとえば，辛さが好きな人も多いが，実は辛味は，味覚ではなく痛覚である。韓国料理などは，辛味の痛さをおいしいと感じているのである。

　5感の他の感覚，たとえば，舌ざわりのよさのような触感もおいしさを高めるし，お菓子のパリパリする音も聴覚から食欲をそそる。懐石料理は，配膳の美しさで，視覚からおいしさを演出する。和食は，“目で食べる”といわれている。

　味覚実験で，同じかき氷のシロップの色だけを変えて味を聞く調査がある。すると，赤シロップをかけたかき氷はイチゴ味だと答え，緑シロップをかけるとメロンの味と答えた。また，嗅覚も味に大きな影響を与える。おいしさの決定因は，味覚よりも嗅覚の方が大きいともいわれている。実験で同じ水に異なった香りをつけると，香りのよい水がおいしいとされることが実証されている。日常的には，鼻を押さえてコーヒーを飲むと味が分からない。ソバは味はないが，香りがあり，それを好む日本人は多い。嗅覚からのおいしさを風味と呼んでいる。

　ところで，糖，脂，塩は誰もがおいしさを感じ，食欲をそそられるものである。ダイエットを心がけていても，これらに抗しがたいのは，これらが生命維持に必須なエネルギー源だからである。これらの味覚は進化の過程で，脳の報酬系と結びついたといえる。豊かな現代社会では，皮肉なことにこれらを抑えることが健康の秘訣となっているが，元々は生存のために進化した嗜好なのである。

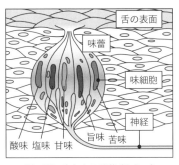

図　舌に分布する味蕾（みらい）

A 睡眠欲求の必要性

人は覚醒時には活発に活動し，エネルギーを消費する。その結果，身体は疲労する。このため，身体を休ませるため，休息を必要とし，睡眠をとる。精神活動も同じで，頭を使った後は脳を休ませる必要がある。人は，覚醒時，常に頭を使い続けている。脳の重さは 1.3 kg くらいで，身体全体に対してわずか 2% であるが，脳が使用するエネルギーは全体の 20〜25% にもなる。そのため，机に向かって勉強しているときはさして身体を動かしていないのにもかかわらず，お腹が空き，疲れも感じる。頭を使っているからである。脳のエネルギー源はブドウ糖であるが，脳内に蓄えられる量は多くはない。このため，脳への常時の供給が必要となる。また，脳は，一定時間の休息を必要とする。睡眠は心身の疲れを取り，再びの覚醒時に十分な活動ができるようにする。身体や心が疲れると，睡眠欲求が生じ心身を休ませようとする。最近の研究によると，脳を休ませるには，ただ安静にしていればよいのではなく，眠ることが必要であることが明らかにされてきている。

脳は活動により生じた廃業物質を，脳を囲んでいる液体の脊髄液に流し出す。これが蓄積されると，そのことが視床下部前部の睡眠中枢に伝達され，GABA（ガンマ-アミノ酪酸）が分泌される。GABA は気持ちを落ち着かせる脳内ホルモンで，脳を休ませるために眠りに誘うことになるのである。

B 睡眠と脳波

脳の表層面の大脳皮質には，神経細胞の活動に応じて微弱な電位変動が見られる。このことが，20 世紀前半にベルガーにより発見された。これが脳波である。この微弱な電位変化を増幅させた脳電図により脳の心理学的研究が画期的に進歩した。

脳波は，脳の活動レベルにより，2 Hz から 30 Hz くらいまで拡幅が変わる。このため脳の活動レベルが外から分かることになった。非常に興奮しているときは γ（ガンマ）波，通常の活動時は β（ベータ）波，リラックスしているときは α（アルファ）波が生じる。さらにまどろみかけるとよりゆったりとした θ（シータ）波が生じ，深い眠りに入ると，最も幅が広い δ（デルタ）波が生じる。

トピックス 3-5

グルメは目で食べる

●欲求行動の認知理論●

　人は"目で食べる"というが，これは欲求の認知説をよく言い表している。お腹がいっぱいなのに，おいしそうなスイーツやデザートを見ると，また食べたくなる。それは生理的欲求からだけではない。図に示すように多くの刺激により食欲促進がなされているからである。

　行動は，内から人を押して動かす力（欲求や動因）によるだけではなく，このように外から人を引っ張る力（誘因）によって生じることも多い。誘因は生理バランスを越えて，欲求を生じさせる。誘因によって生じた欲求によって行われる行動を認知主導型行動という。心理的欲求や社会的欲求にはこのような誘因の認知から生じる行動も少なくない。

　欲求を認知的に考えていくときの重要なキーワードは，価値と期待である。第一にその誘因が当人にとってどのくらい価値があると思うか（これを誘因価という）が，欲求を生じ，行動を起こさせる重要な決め手となる。グルメの人にとって，おいしい食事は誘因価が高いので，空腹でなくても，食欲が生じる。

　もう一つは，目標が獲得できるという期待の高さである。"できる"という確信の強さが欲求を生じ，行動を起こさせる。まったくできそうにない難しい課題ではやる気が生じない。目標達成への道筋がきちっと見えているとき，欲求が生じやすい。"できる"という期待とそれによる自信が欲求に強く影響を与えるのである。

　勉強においても仕事においても，目標が設定され，達成への期待が明確に意識されると，達成欲求が強められ，作業効率はぐんと上がる。これは，認知が欲求を生じるからなのである。

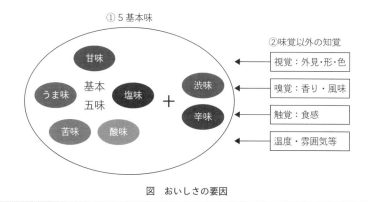

図　おいしさの要因

　この脳電図により，活動時だけでなく，睡眠時の脳波も測定できるようになった。この睡眠時の脳波の研究により，睡眠時の脳の状態が一様でなく，浅い睡眠から深い睡眠までがあり，各々の脳波が異なっていることも分かってきた。

　さらに，この睡眠中の脳波研究から驚くような事実が発見された。20世紀半ば，睡眠の瞬きと脳波を調べていたアセリンスキーは，睡眠中に脳波が突然，覚醒時の状態になり，本人は，眠っているにもかかわらず，瞳孔が激しく左右に動いていることを発見した。最初，計器の間違いだと思ったが，何回やっても同じ現象が見られた。そこでこの睡眠状態を急速眼球運動の頭文字をとりレム（REM）睡眠と名づけ，それ以外の通常の睡眠をノンレム睡眠とした。

　レム睡眠の研究から，睡眠には4層の深さがあることが分かった（図3-2）。人が眠りに入ると一層ずつ深い睡眠レベルに入っていき，1時間くらいで一番深いレベル4に入る。ところがそこから，眠りは1段ずつ浅くなり，約30分後には，一番浅いレベルに戻るのである。その状態は，脳波的には，覚醒状態を示している。そして，そのとき，眠っている人の目を見ると瞳孔が左右に激しく動いていてレム睡眠状態であることが分かった。その後，グラフに示してあるように再び深いレベルの睡眠に入り，また1時間半後には浅くなり，レム睡眠になるのである。ただ，最初のノンレム睡眠は一番深いレベルの眠りに

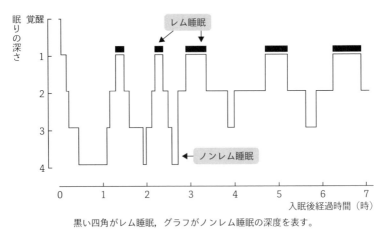

黒い四角がレム睡眠，グラフがノンレム睡眠の深度を表す。

図 3-2　一晩のレム睡眠とノンレム睡眠の流れ（Dement & Kleitman, 1957 をもとに作成）

トピックス 3-6

人の体内は，24 時間の時計をもっている

●サーカディアン・リズム（体内時計）●

　睡眠欲求は日中の心身の疲れから生じるが，それだけでなく，睡眠欲求は，夜になると眠りたくなるという生体リズムからも生じる。

　人は，1 日約 24 時間，覚醒と睡眠を周期的に繰り返す生体リズムを体内にもっている。このため，たとえ，疲れていなくても，夜になると眠くなる。昼夜のリズムが自然とセットされ，リセットされるのである。その一つのきっかけとなるのが外からの光である。目から太陽光が入ると，間脳の視床下部の視交叉核に伝わり，それが視床の間にある松果体（図 3-1）に伝わると，不思議なことに，その約 14 時間後に，眠りを誘う脳内ホルモンのメラトニンが分泌されるという仕組みになっている。そのときに，自律神経は副交感神経支配となり，体温が下がり，心拍もゆっくりとなり，スムーズに睡眠に入ることになる。ただ必ず外の光が必要かというと，そうではなく，体内時計はかなり自動的に，24 時間周期で動いているという。そのことは，研究者自身が洞窟で長時間過ごした体験的実験で明らかにされた。体内時計はほぼ 1 日を意味するサーカディアンという言葉で表される。実は，体内時計はすでに 18 世紀に植物で発見されたのだが，人の体内時計についての研究は 20 世紀後半になってからなされている。2017 年のノーベル生理医学賞はこの分野の研究者に授与された。このサーカディアン・リズムについては，覚醒と睡眠だけでなく，体内の血圧や心拍，体温などにも 1 日周期があることも明らかにされてきている。

　このリズム研究を睡眠欲求の観点から見ると，人は午前 2 時と午後 4 時に強い眠気を生じるとされる。お昼の後，眠くなるのは仕事や勉強の効率には悪いが，体内時計から見れば自然のリズムなのである。また，うまく寝つけないなどの睡眠障害の原因は，このリズムに反した生活と，都会の強い光などによりこのリズムを狂わせてしまっていることによるといわれている。

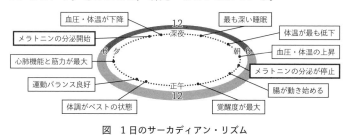

図　1日のサーカディアン・リズム

行くが，何回もレムとノンレムを繰り返していくなかでノンレムの眠りが徐々に浅くなり，また，レム睡眠の時間が徐々に長くなって，その後，目覚め，朝を迎えることになる。通常の睡眠ではこれを一晩のうちに4, 5回繰り返すことが分かった。

　このように睡眠時の脳波の研究から驚きの発見がなされたが，実は，さらに，もう一つ驚きの事実が発見された。それは，レム睡眠中に起こすと，そのとき大半の人が鮮明な夢を見ていたのである。夢の研究には好都合な状態といえる。一方，ノンレムの最中に起こすと夢を見ているときは少なく，見ていても，不鮮明な夢であった。このことから，レム睡眠中は，身体は休んでいるが，脳は活発に活動している状態と考えられる。では，そのとき脳は何をしているのか。最近の研究では，このレム睡眠中に昼間の雑多な情報を整理しているのではないか，という仮説が提出され，注目されている。他方，ノンレム睡眠のときは，深い眠りで身体も脳も休息をとっているとされている。ただし，これも最近の研究ではこの深い睡眠中に，昼間の活動を記憶する作業が行われているのではないか，ともいわれ，現在，研究が進められている。

2◆　心理的欲求

　現代社会で生活している私たちは，大半を心理的欲求や社会的欲求によって行動している。必要により時々は飲食など生理的欲求を満たす行動をするが，それを満たすと，再び，元の心理的社会的欲求に基づく行動に戻る。都会人はグルメなど食行動に関心が強いが，それは，単純な空腹を満たす生理的欲求の充足とはいえず，おいしいものや話題のスイーツを食べたいとか，友達と一緒に食べたいなどは，社会的欲求といえる。勉強をするのも，仕事をするのも，友達と遊ぶのも，心理的・社会的欲求に基づく欲求充足の行動といえよう。

　さて，心理的社会的欲求にはどんな種類があるのだろうか。マァレーは生理的欲求リストに加え，トピックス3-7のように心理的欲求を，7系列，27の欲求に分類している。

トピックス 3-7

マァレーの欲求分類とマクドゥガルの本能分類

●欲求と本能の種類●

(1) マァレーの心理的欲求の分類

マァレーの心理的欲求は七つのカテゴリーに分類され，具体的には以下のような 27 の欲求である。

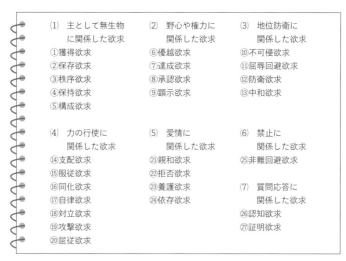

(1) 主として無生物　　(2) 野心や権力に　　(3) 地位防衛に
　　に関係した欲求　　　　関係した欲求　　　　関係した欲求
①獲得欲求　　　⑥優越欲求　　　⑩不可侵欲求
②保存欲求　　　⑦達成欲求　　　⑪屈辱回避欲求
③秩序欲求　　　⑧承認欲求　　　⑫防衛欲求
④保持欲求　　　⑨顕示欲求　　　⑬中和欲求
⑤構成欲求

(4) 力の行使に　　(5) 愛情に　　(6) 禁止に
　　関係した欲求　　関係した欲求　　関係した欲求
⑭支配欲求　　　㉑親和欲求　　　㉕非難回避欲求
⑮服従欲求　　　㉒拒否欲求
⑯同化欲求　　　㉓養護欲求　　(7) 質問応答に
⑰自律欲求　　　㉔依存欲求　　　　関係した欲求
⑱対立欲求　　　　　　　　　　　㉖認知欲求
⑲攻撃欲求　　　　　　　　　　　㉗証明欲求
⑳屈従欲求

図　心理的欲求（社会的欲求）の種類

(2) マクドゥガルの本能の分類

マクドゥガルの本能分類は研究時期により異なるが大方，次の 14 に分類される。その特徴の一つは，行動を促す本能は，基本的情緒と表裏一体をなすという考えである。このため，本能の分類は基本的情緒の分類も伴っている。

(1) 逃避本能（恐怖）　　(2) 闘争本能（怒り）　　(3) 拒否本能（嫌悪）
(4) 母性・父性本能（慈愛）　(5) 救護本能（無力感）　(6) 性本能（性愛）
(7) 好奇本能（好奇心）　(8) 自己卑下本能（劣等感）　(9) 自己肯定本能（優越感）
(10) 群居本能（孤独感）　(11) 食物本能（空腹感）　(12) 獲得本能（所有感）
(13) 構成本能（創造・創作）　(14) 笑い本能（楽しみ・愉快）

図　マクドゥガルの本能の分類と各本能に伴う情緒

　マァレーは，人の行動は，生理的にしろ，心理的にしろ，内的力としての欲求と，外的力としての圧力との関係によって決定されるとし，パーソナリティ（性格）の欲求−圧力仮説を提唱している。圧力というのは，その欲求に対する外的な状況や環境のあり方とその力である。たとえば，ある人が某大学に入りたいという欲求をもったとき，その大学の難しい入学試験は欲求の実現のためのマイナスの圧力となる。他方，推薦入学の際の担任教員のよい推薦状はプラスの圧力となる。このように，ある欲求をもち，行動しようとすると，自分をとりまく環境が欲求の実現に対してプラスあるいはマイナスに作用してくる。これが圧力である。マァレーは，私たちの行動はこのような欲求と圧力の相互作用の中で生まれるとしている。私たちの生活はこの相互作用の連続である。そこで，マァレーは，ある人がどのような欲求をもち，どのような圧力下に置かれ，過去どう行動したか，現在どう行動しているか，将来どうしようとしているかが，その人の人となりであり，つまりそれがその人の人生であり，パーソナリティであるとしている。これが性格の欲求−圧力仮説である。

　他方，20 世紀はじめ，社会心理学を提唱したイギリスのマクドゥガルは，人の行動は，基本的には，人のもつ本能によるとして，人のもつ 14 の本能のリストをあげている（トピックス 3-7）。これらの本能の混合された欲求が日常社会生活の行動を決定しているとし，本能説を唱えた。しかし，その後，心理学の主流は学習を中心とする行動主義が中心となったため，本能を中心とするマクドゥガルの説は急速に評価を低めていくことになってしまった。

　人間性の心理学を唱えたマズローは，人間の欲求の 5 階層段階説を唱えている（トピックス 3-8 の図）。その 5 階層とは，①生理的欲求階層，②安全欲求階層，③愛と所属の欲求階層，④尊敬の欲求階層，⑤自己実現の欲求階層である。そして人は，最下層の生理的欲求から順番に，欲求を充足させ，ちょうど階段を上るように順次 1 段階ずつ，上の欲求階層に上っていき，最終的には最上階層の自己実現欲求に基づいて行動する，とした。マズローは，この自己実現の欲求と行動こそが人間的な生き方だとし，人は，下層の 4 欲求階層をクリアし，この自己実現欲求によって行動すべきであると主張している。この

トピックス 3-8

米不足パニック，ウイルスパニック時の行動

●マズローの欲求階層説●

マズローの 5 階層の欲求について見ていく。

（1）生理的欲求階層

欲求階層の最下層は生理的欲求である。最下層とは，逆にいうと，人間にとって最も基本的な欲求ということである。この欲求が安定的に満たされない限り，人は，この欲求に支配され，行動する。つまり他の動物と同様に，主に飲食欲求に基づいて行動する。食料不足で飢餓状態のときは，誰もがただ米のみに生きる生活になる。

（2）安全欲求階層

本当に飢餓状態のときは，危険を冒してでも食物を求める。しかし，ある程度食料が確保されると危険は冒さなくなる。身の安全を確保しようという欲求が優勢になる。第 2 階層は身体的安全の欲求である。ウイルスが発生すると，皆，自宅に引きこもり，自らの生命を守る。

（3）愛と所属の欲求階層

生理的欲求と安全欲求が満たされると，人は急に人恋しくなる。人から好かれたい，周りから承認されたいという人間関係的欲求が生じる。心から話せる友が欲しい，家族や所属集団が欲しい，恋人が欲しいと思う。

（4）尊敬の欲求階層

人から好かれ，所属と愛の欲求が満たされると，好かれているだけでは不足を感じ，もっと尊敬され，もっと評価されたいという欲求が強くなる。経済的に成功した人や職場で人間関係に恵まれている人は，地位や名誉が欲しくなる。

（5）自己実現の欲求階層

上記の四つの欲求がすべて満たされると，人は，自分自身を，より成長させようという自己実現欲求が生じる。自己を高める仕事（勉強）や活動に集中する。マズローは，これこそが，理想的人間の生き方であるとしている。

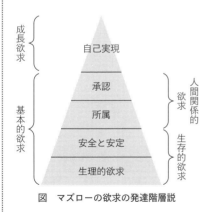

図　マズローの欲求の発達階層説

点から，マズローの心理学は，人間性の心理学と呼ばれている。これがマズローの欲求5階層説である。実証的研究ではないが，心理学界を超えて，社会で高く評価されている理論である。

　ただし，これはマズローの理想であり，現実には，このような自己実現の階層にすべての人が達するわけではない。逆に，他の階層を跳び越して，自己実現欲求で行動している人もいる。

　次に，心理的欲求のなかで，これまでの心理学において広く関心を集め，多くの研究がなされている達成欲求と親和欲求について見ていく。

① 達成欲求

　達成欲求とは，日常生活でよく用いられる言葉でいえば"やる気"である。マァレーによれば，達成欲求（成就欲求）とは，「独力で障害を克服し，高い水準で難しい目標を成し遂げようとする欲求」とされる。

　達成欲求研究の創始者マクレランドは，マァレーの開発した投映法の一つ，TAT（第5章で後述）を応用し，図3-3のような図版を作成し，個人の達成欲求の高さを測定した。具体的方法は対象者にこれを1枚ずつ見せ，それぞれについてその絵から連想される人物の過去・現在・未来と続く物語をつくらせることである。そして，作成された物語の中に達成欲求がどの程度，投映されているかを測定した。このテストで達成欲求を示している内容は次の3点である。作成された物語にこれらがどれくらい含まれているかを分析し，達成欲求

図 3-3　マクレランドの達成欲求の測定図版（McClelland et al., 1953）

トピックス 3-9

入試に落ちたワケを考えると

●ワイナーの原因帰属マトリックス●

　人は，自らの欲求を実現するために，ある目標をもち，行動していくが，その実現のためには，たとえば入学試験，就職試験など厳しいハードルが待っている。そしてそのたびごとに合格・不合格の報に接して，喜び，また悲しむ。そして，受かった理由や落ちた理由を考える。原因がどこにあったかを考えることを原因帰属過程と呼ぶ。この過程が心理学的に重要なのは，結果が同じでも，その成功や失敗の原因を何に帰属するかが，人によってかなり異なり，それがその人の心理状態やその後の行動に大きな影響を与えることになるからである。失恋したとき，自分は魅力がない人間だと考える人は落ち込み引きこもる。しかし，悪い相手にひっかかったと考えて，怒る人もいる。

　ワイナーは，達成行動の成功や失敗の原因帰属は内的-外的要因と，固定的-変動的要因の二つの次元から構成されるとし，右図のような 2×2 の原因帰属の 4 要因マトリックスに整理している。内的とは，原因が自分にあるとすることで，外的とは，原因が自分以外にあるとすることである。固定的とは，その原因に変動がないことで，変動的とは，変化しやすい原因ということである。具体的には次の①能力，②努力，③課題，④運の四つのいずれかに帰属するとしている。

（1）能力

　内的で固定的要因は，たとえば試験の合否を自分の能力に帰属させる。そのため，合格した場合，自信や自尊心を高め，失敗した場合，自信を失い劣等感を強くする。

（2）努力

　内的で変動的要因は，合格したとき自分の日頃の努力（変動的要因）が実ったと考え，喜ぶ。失敗したときは悔しく思うが，次回の努力へと結びつける。

（3）課題

　外的で固定的要因は，合格・不合格を課題，たとえば大学や問題の難しさなどに帰属する。合格した場合，入試が易しかったからと思う。不合格のときは，難しかったと思う。

（4）運

　外的で変動的要因は，合格・不合格を運の良し悪しに帰因する場合である。成功した場合，ラッキーだと思い，失敗した場合は，運が悪かったと思う。

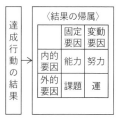

図　ワイナーの原因帰属マトリックス
(Weiner et al., 1972 をもとに作成)

の程度を測定した（読者も試みるとよい）。

(1) 卓越した目標を立てて，それに挑戦しようとしている（たとえば，よい製品やよい作品をつくりたい）。

(2) 独自のやり方でやろうとしている（新しいやり方で解決したい，など）。

(3) 長い期間にわたってやろうとしている（地道に勉強する，など）。

　これは測定上の基準であるが，この 3 基準から，達成欲求の具体的内容が理解されよう。一般に達成欲求の高い人は，困難に挑戦し，持続的に学習し，結果として優れた成績を残そうとするといえよう。ただし，現実の達成行動は達成欲求だけでは決まらず，失敗回避欲求にも強く影響される。この失敗回避欲求は，課題遂行に失敗したらどうしようという強い不安から，それを避けようとする欲求である。達成欲求が高く，失敗回避欲求の低い人が，難しいが実現可能な目標に向かって努力することができるのである。

　一方，達成欲求が低く，かつ失敗回避欲求の高い人の達成行動は次の二つの特徴をもつ。一つは，確実に成功する極度に易しい課題を選ぶ。もう一つは，たとえ失敗しても恥ずかしくないような非常に難しい課題を選択する。このことから，非常に困難な問題に挑戦する人は，必ずしも達成欲求が高いわけではないことが分かろう。アトキンソンは達成欲求の高い人と失敗回避欲求の高い人の違いについて，課題成功率がどのような確率のとき課題に魅力を感じる

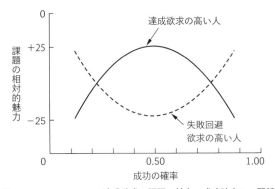

図 3-4　アトキンソンの達成欲求と課題の魅力・成功確率との関係
（Atkinson & Litwin, 1960 をもとに作成）

トピックス 3-10

潜在刺激で欲求が生じるか

●サブリミナル効果の実験●

1957年アメリカのニュージャージー州のある映画館で，映画を映している間中，そのフィルムのコマの中に，"Drink Coca-Cola"という映像と"Hungry? Eat Popcorn"というコマを目で知覚できない閾値以下の刺激として何回も入れ，映像として映した。これは，観客には気がつけないサブリミナルな情報である。その結果，休憩の間のコーラとポップコーンの売り上げが急増したと驚きの結果が報告された。後に，これは，宣伝のための作り話でまったくデタラメだったことが判明した。しかし，この話により，本人に知られず，外から人に欲求を喚起させることができるというサブリミナル効果が注目された。サブリミナルというのは，潜在意識的という意味であるが，サブリミナルな刺激とは，人が知覚できないほどの速さあるいは大きさの刺激をいう。心理学では知覚できる最小刺激点を閾と呼ぶので，サブリミナルな刺激とは閾値以下の刺激ということになる。人を無意識のうちにコントロールする可能性

のあるこの広告手段は社会的に注目を集め，その真偽について心理学では実験的研究がなされた。その結果，この映画館のような成果は得られず，サブリミナル効果は学問的には疑問符が打たれた。他方，社会的には人を知らないうちにマインド・コントロールする手段と批判され，制限された。

近年では，まったく別の角度からサブリミナル・ブームが生じている。それはサブリミナル・テープにより自己啓発を行うというトレーニング法である。

"自分は必ず成功する"といったようなメッセージが波の音などに隠されているテープを毎晩，聞き続けると，それにより自信が生じ，自己改革が可能になるというのである。ただし，このサブリミナル効果についても，学問的には，疑問がもたれている。

最近のサブリミナルの研究では，閾値以下の刺激を知覚することにより，多少とも当人は気づかずに好みなどに影響が生じることなどが実証されている。単なるフラッシュにしか見えないような短時間，ある一定の数字を何回か映し出すと，それを見ていた学生は後に，他の数字よりもその数字を好むと報告されている。ただし，これも大きな影響を及ぼすものではないとされている。

か，その関係を図 3-4 のように示している。ここでは，達成欲求の高い人は，成功失敗の確率が 50 対 50 のときに課題に最も魅力を感じるが，他方，失敗回避欲求の高い人は，そのような事態では魅力を感じるどころか逆に逃げ出したくなるとしている。

② 親和欲求

親和欲求とは友達や家族など自分の好きな人と一緒にいたいという欲求で，字のごとく，人と親しくし，和みたいという欲求である。人類は生来，社会的動物で，部族集団を形成してサバイバルし，進化してきた。このため，誰も，親和欲求は強い。独立心が強いと思われる人でも，長期で独居すると，親和欲求が満たされず，寂しさから孤独感にさいなまれる。

シャクターは，どんな状況下において親和欲求が生じ，親和的行動がとられるかを実証により明らかにしている。彼は，まず，独房囚人のように他者との接触を断たれた人や修道士のように自ら接触を断った人たちの残した手記などを検討して，状況にかかわらず親和欲求が満たされないと，耐えがたいほどの精神的苦痛や不安が生じることを見出した。また，「恐怖や不安を体験することが親和的行動傾向を強める」と考え，それを次のような実験で証明した。

実験は女子大学生を 1 人ずつ実験室に呼び，「これから電気ショックが人体に及ぼす影響についての実験を行う」と告げる。半数の学生にはこの電気ショックは非常に苦痛であると告げ，残り半数にはごく軽微なものであるという教示を与えた。次に，実験者は，学生に「実験開始までまだ少し時間があるので，別室で待っていてもらうが，その間，他の人と一緒の部屋で待ちたいか，それとも個室で一人で待ちたいか」と聞いた。その結果，電気ショックがひどく痛いと聞かされた人は，他の人と一緒に待ちたいという希望が多かった。それは，実験への恐怖心や不安が強くなり，それを減少するために他の人と一緒にいたいという親和欲求が高くなったからだと考えられた。その後，不安と恐怖では親和欲求は異なるなどの研究がなされている。

本章では，人の欲求について，代表的な，飲食欲求や睡眠欲求，また，達成

トピックス **3-11**

両手に花は，案外，不快？

●レヴィンの目標によるコンフリクトの分類●

心の中に相反する二つの欲求や相反する2つの目標（誘因）があり，どうにもならなくなる心理状態をコンフリクト（葛藤）状態という。人は一度に一つの行動しかできない。一方の欲求に基づき行動しようとすると他方が実現できず，一方の目標に向かおうとすると他方を捨てなければならず，その不満が葛藤を起こすため，どちらにも動けなくなる。この状態が長く続くとフラストレーションと同じような極めて不快な情緒状態になり，情緒的反応を生じる。

欲求によるコンフリクトは，二つの同じ程度の相反する欲求をもったとき生じる。他方，目標（誘因）によるコンフリクトは，レヴィンにより次の三つのケースに分類されている（下図参照）。

（1）＋・＋のコンフリクト

プラス・プラスのコンフリクトとは，二つのプラスの誘因があり，両者の魅力が同じくらいで，しかも両者が相容れな

いときである。たとえば，二つの大学に合格したとか，2人のボーイフレンドからプロポーズされたという状況である。はた目には両手に花で，うらやましく映るが，二つの魅力が同じくらい強いと，本人にとっては決められず，幸せどころか情緒的に不安定になる。

（2）－・－のコンフリクト

マイナス・マイナスのコンフリクトは，二つのマイナスの誘因があるケースである。両方から逃避したいが，一方から逃げると他方にはまってしまうという事態で，勉強は嫌だが，しないと，不合格になるという状態である。

（3）＋・－のコンフリクト

プラス・マイナスのコンフリクトとは，一つの目標がプラスの誘因とマイナスの誘因を同程度にもっている状況で，ふぐは食いたし命は惜しし，や結婚はしたい，しかし自由でもいたいという独身者の心理状態である。

＋と＋のコンフリクト　　－と－のコンフリクト　　＋－のコンフリクト

図　三つのコンフリクト状態（Lewin, 1935 をもとに作成）

欲求や親和欲求などを見てきたが，人にはマァレーが分類したようにさまざまな欲求があり，各々心理学者により専門的に研究されている。本書でも，後の第8章で援助欲求や支配欲求など社会的欲求について詳しくみている。

3◆　フラストレーション

　人はさまざまな欲求をもち，その欲求に基づいて行動している。しかし，欲求がいつもスムーズに充足されるわけではない。また，目指した目標に到達できるわけでもない。目的が達せられれば幸せであるが，入りたい大学に入れない，好きな人に心が通じない，仕事がうまくいかないなど，人生には，思うように目標がかなえられず，欲求が満たされないことが少なくない。

　このように欲求が阻止され，目標に到達できないことが重なると，人は情緒的に不安定になり，イライラしたりムカムカしたり，あるいは，落ち込んだりする。このような状態が続き，極度の不快な情緒的状態となったときの心理状態を，フラストレーション（欲求不満）という。このフラストレーション状態は当然不快なので，図3-5のようにこれをなくすようないろいろな行動（反応）がとられる。しかし，それらの行動もうまくいかなく八方ふさがりになると，極めて情緒的な反応をすることになる。これがフラストレーション反応である。次のカコミに代表的フラストレーション反応を示してある。

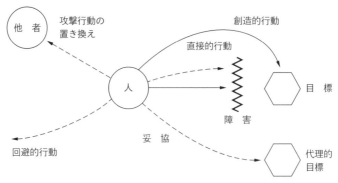

図 3-5　フラストレーション状態における諸行動

```
◆典型的なフラストレーション反応◆
⑴　攻撃行動　　⑵　活動の激化　　⑶　行動の固着
⑷　逃避・回避　⑸　落ち込み　　　⑹　退行
```

　たとえば，思いどおりにいかなかったとき，近くのものを蹴とばしたり，投げつけたりするが，これはフラストレーション反応の一つ，攻撃行動である。プロ野球球団のダッグアウトは，選手や監督がうまくいかなかったとき蹴とばすので，傷だらけだという。この攻撃行動は，特定の目的的行動ではなく，当たり散らしているだけである。ただ，一時的には気分がスッキリする。

　開くべきドアが何回試しても，開かないと，ドアを叩く音は次第に激しさを増す。これが⑵の活動の激化である。フラストレーションに陥ると不可能であることが分かっているのに，さらにその行動に固執する傾向がある。何回でもドアを叩く。これが⑶の行動の固着である。

　他方，フラストレーションに陥ると，当の目標志向行動をやめ，その場から逃避したり，回避したりする⑷。また，全体の活動レベルが下がり，落ち込んでしまうこともある⑸。さらに，たとえば泣くなど，子どものときの問題解決様式に戻る退行反応も見られる⑹。

　ところで，このようなフラストレーション的状況に，フラストレーション反応を起こさずにどの程度耐えられるかは人によって異なる。軽度の失敗や不運でもフラストレーション状態になり，落ち込んだり暴力的になったりする人もいれば，極度のフラストレーション的状況にも耐えられる人もいる。各々の人のフラストレーションに対する耐性強度を，フラストレーション耐性という。強いフラストレーション耐性を身につけることが強く生きるうえで大切であるとされている。それを子どもの頃から身につけているとその後，学業成績や社会的な成功につながることが，有名なマシュマロ実験から示唆された。

　心理学者ミシェルは，4歳児の子どもに，マシュマロを使って，欲求の自制心（忍耐力）についての実験を行った（図3-6）。実験は，1人ずつで行われ，子どもは，実験室に呼ばれ，着席すると目の前の机の上にマシュマロが一つ置か

図 3-6　マシュマロ実験

れる。そこで，実験者は次のように話す。

　「このマシュマロ，今すぐ，食べてもいいですよ。でも，私が部屋を出て，帰ってくるまで食べずに待っていたら，マシュマロをもう一つあげますよ」。こう言って，実験者は部屋を出る。子どもは 1 人でマシュマロを前にする。すぐ食べる子もいれば我慢する子もいる。最初は我慢するが，我慢が続かないで食べる子もいる。15 分間，欲求を自制できればもう一つもらえるのである。

　実験の結果，欲求を自制して実験者が帰ってくるまで食べずに待った子どもは 1/3 から 1/4 であった。他の 2/3 あるいは 3/4 の子どもは，欲求を抑制できず，マシュマロを食べてしまった。子どもの様子は，実験者が部屋を出た後，一方視の窓から子どもに気づかれないように観察された。観察データを分析した結果，マシュマロを目の前にしたとき，そのまま見続けた子どもは，我慢できなくなり食べてしまうことが分かった。セルフ・コントロールができた子どももマシュマロから目をそらし，別のところを見たり，後ろ向きになったりしていた。自らの視界から誘因をなくすことにより，欲求を抑制していた。

　ところで，この実験が注目をあびたのは，実は，この実験当日の結果だけではない。実験の 12 年後，青年になった子どもたちの学業成績や大学入試基準テストの結果が，マシュマロを食べた子どもと我慢した子どもで比較された。

　その結果，我慢した子どもの方が，学業成績などがかなりよいことが明らかになった。子どもの頃のセルフ・コントロール力が，その後も維持され，青年期にまではっきりと影響を及ぼしたのである。このため，この実験は驚嘆され，高く評価された。しかし，その後，他の研究者が同様の実験を行ったが，追証されることはあまりなく，また，この結果には家庭の経済的状況が強く反映しているという反論も投げかけられている。

トピックス 3-12

うまくいかないことが続くとやる気を失う

●セリグマンの犬の学習性無気力感●

やる気のない人は生まれつきなのだろうか。それとも，うまくいかないことが何回も続き，やる気がなくなってしまい，やる気のない人になってしまったのだろうか。セリグマンは，やる気がでない無気力感は，失敗経験によるとした。長期的な回避不可能なストレス下にさらされると無力感を学習してしまい，すべてのことにやる気がなくなってしまうと考えた。その学習性無力力は気分的にはウツと同じような心理状態になるとした。セリグマンは，このような無気力の状態を，犬を使った実験で実証した。

それが「セリグマンの犬」として有名な学習性無力感の実験である。この実験では，セリグマンは犬をハンモックに入れ，動けないようにしたうえで，足から電気ショックを何十回も与えた。最初犬は回避しようとするが，体を動かせず回避できない。回避できないままショックを受け続けるとその回避行動もしなくなり，犬はただ，無動作に，電気ショック

を受け続けた。いわば無気力状態になった。問題はその後である。日を改めて，その犬に今度は回避できる状況で，再び電気ショックを与える実験を行った。今度は，動けるので，柵を越えれば電気ショックは回避できる状況である。通常の犬は電気ショックが来たら棚を越えて回避する。しかし，セリグマンの犬は，回避しようとせず，そのまま，前日と同じ様に電気ショックを受け続けた。それは，電気ショックを回避できないことを学んでしまったからである。認知論的に見ると，「やってもできない」という認知が成立してしまったのである。セリグマンはこれを学習性無気力感と呼び，人間のウツも同じような状態によって生じるのではないかとした。

ただ，セリグマンはその後，無気力とは逆のポジティブな認知も学習で獲得できるとし，ポジティブ心理学を展開し，その第一人者となった（トピックス 2-9）。

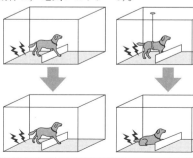

トピックス 3-13

自分はできる，という自信が成功を生む

●自己効力感の4要因●

自己効力感とは，自分はできる自分はやれるという自らの自尊心と成果への自信である。自己効力感は，単なる自信ではなく，ある課題に向き合ったとき，この課題は達成可能だと具体的方法も含め，成果をあげることができるという自信である。このため，その課題に自己効力感をもつと，モチベーションが上がり，躊躇なく，実行に移すことができるのである。

自己効力感の提唱者バンデュラは，この自己効力感が，その人の認知や感情，さらには，自分や周りの人への好意に大きな影響を与えているとしている。そのことを自己効力感の高い人と低い人の比較，あるいは，実験的に，自己効力感を高めるなどして，実証している。

自己効力感を形成する要因として，バンデュラは次の四つをあげている。

(1) **成功体験**：過去において，自らの力でどのくらい成功を経験しているか

(2) **代理体験**：過去において，他者の成功をどのくらい観察し，モデリング学習しているか

(3) **言語的説得**：過去において他の人から，どのくらい自分の能力を言葉で評価されているか

(4) **生理的高揚**：その時点で，アルコールや運動などにより，どの程度，生理的に興奮しているか

この4要因の中で最も重要なのは，本人の成功体験である。何回も成功を直接経験することにより，自分にはできるという自己効力感をもつことができる。

自己効力感をもって課題にあたると，「失敗したら，どうしよう」「うまくできないのではないか」といったネガティブな考えや感情を排除でき，課題に集中的に向かうことができる。そのため，実際によりよい結果が生まれることになる。

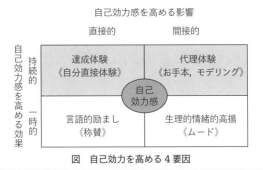

図　自己効力を高める4要因

第 4 章　学習と記憶の心理

1◆　学　習

①　学習の基本メカニズム

「レモンを口に入れて，ギュッとかんだところを想像してください」。すると，それだけで口の中が酸っぱくなり，唾液が出てくるはず。これは，レモンという言葉のイメージから，レモンを連想し，レモンを食べたときと同じような反応が口の中に生じるからである。しかし，レモンを知らない人，レモンという言葉を知らない人には，このような反応は起こらない。何度もレモンという言葉を耳にして，何回かそれを食べているから生じる反応である。子どもの頃からの何回もの経験によって学習した反応である。

　このように経験によって，新しい行動（反応）を身につけることを，心理学では学習という。学習というと，すぐに学校の勉強を思い浮かべる人も多いが，心理学では，勉強だけでなく，もっと広い範囲の行動変化の獲得を意味する。日常生活の中で，一定の経験を通して新しい行動傾向を身につけること，すべてを学習という。バイクの運転を習うのも，コンピュータゲームを習うのも，街で遊ぶことを身につけるのも，すべて学習である。

　では，それまでにもっていない行動傾向を，経験からどのように学んでいくのだろうか。そのメカニズムは次のように分類できる。

```
◆学習のメカニズムの種類◆
学習 ─ 強化による学習 ─ 直接経験による学習 ─ 古典的学習
       1回学習          観察学習（社会的学習）   オペラント学習
```

　まず通常の学習は，何回も何回も刺激から報酬を得ることを繰り返し経験して，初めて新しい行動傾向を獲得する。この学習メカニズムを強化による学習という。強化とは，行動のたびに報酬を得ることである。報酬を何回も得るこ

トピックス 4-1

子ガモが親の後を追うのは

●ヘスのインプリンティング実験●

　カモやアヒルなどのひな鳥は生まれてすぐに親の後を追う。このため，親の後追いは，本能的のように見え，生まれる前から親の情報が組み込まれていると思われていた。しかし，実は親の後追い行動は学習によるものであることが分かった。ただし，通常の強化による学習ではなく，1回で学習する緊急用の特別の学習である。カモなどのひなには，卵の殻を破って外に出たとき目の前にある大きくて動くものを見たら，それが親だと思えとする指令が組み込まれている。これをインプリンティング（刷り込み）と呼ぶ。しかもこのメカニズムは，生後ごく短い期間だけ働くので，その期間をクリティカル・ピリオド（臨界期）という。その間は，大きくて動くものに対しては接近し，親としてインプリントする。しかし，それ以降の大きくて動くものに対しては，逆に恐怖心をもち，逃げ出すような回避傾向が働く。それは，たいてい

ひなを襲う肉食動物なので，ひなの生存にとって，この切り換えは大事なメカニズムである。

　左下図は，このインプリンティングを調べたヘスの実験装置である。実験で用いた"親鳥"はマガモの模型で，模型内の内蔵スピーカーから鳴き声を発し，いろいろな速度で動く。人工孵化したひなは模型の周りの通路を歩く。この実験から，インプリンティングの臨界期は，孵化後16時間前後で，32時間以上経過すると終了することが分かった。

　また，その強さは，ひながインプリンティングの間に費やした努力の程度によっても決まることも明らかにされた。通路に障害物を置いたり，模型の親の動く速度を速めたりすると，より強くインプリンティングされた。

　人の場合，赤ん坊に見られる人見知りがインプリンティング終了時期だとする議論がある。

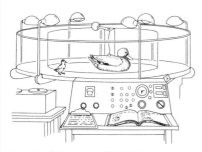

図　インプリンティング実験風景 (Hess, 1959)

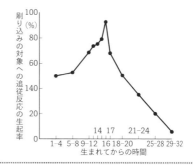

とによって，新しい行動が身につくのである。

これに対して，一回学習は1回の経験だけで新しい行動傾向を獲得するメカニズムである。これは個体保持のための緊急用の特別の学習方法である。子どもの頃，木から落ちたとき，一度で高い所を怖がることを学習する。さまざまなトラウマがこれに当たる。離巣性動物が生まれてすぐに親を見つけるインプリンティング（刷り込み）もこれに当たる。

繰り返しを必要とする学習には，その経験を自ら直接的体験して学ぶ直接経験による学習と，他の人が報酬を得ているのを見て（観察して）学ぶ間接経験による学習とがある。観察学習は他の人の行動を見て学ぶので，社会的学習（トピックス4-5参照）ともいわれる。

自らが体験して学ぶ強化による直接経験学習には，条件反射による古典的学習と，自らの操作（行動）によるオペラント学習（オペラントとは，操作し，行動するという意味）とがある。

この二つは，学習の基本的メカニズムなので，次に詳しく説明していく。

A 古典的学習

最初に記したレモンと聞いただけで唾液が出るのが，古典的学習である。この学習の基本的メカニズムは，ロシアのパブロフによって研究された条件反射である（図4-1）。生理学者のパブロフは，犬に肉を与え，消化の研究をしていた。当然のことだが，犬は肉を食べると消化のために唾液を出す（無条件刺激

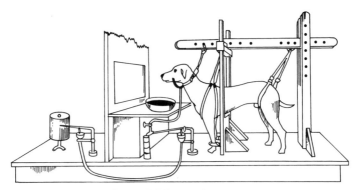

図 4-1 パブロフの古典的学習の実験風景 (Pavlov, 1927)

と無条件反応という）。ところが，この実験を続けていたパブロフは，肉を与える前にすでに犬が唾液を出していることに気づいた。犬は，何回も実験を行っているため，パブロフの足音を聞いただけで，すぐに実験が始まり肉がもらえることを知り，唾液を出したのである。生まれながらに人の足音を聞くだけで唾液を出す犬はいない。パブロフの犬は，何回も実験台になったため，パブロフの足音を聞くと肉をもらえることを経験的に学習し唾液が出るようになったのである。そういう経験（条件）によって，学習が成立したのである。このように，ある条件のもとで獲得した反応を条件反射（条件反応）という。

　この反応に興味をもったパブロフは，条件反射の研究に集中した。パブロフは，足音ではなく，統制しやすいベルの音などを条件刺激（条件反射を導く刺激）とし，実験を行った。ベルの音を聞かせては，肉を与える，これを繰り返す。すると，犬はベルの音だけで唾液を出すようになる。生まれながらにベルの音で唾液を出す犬はいない。「パブロフの犬」は，経験によって新しい行動を学習したのである。

　条件刺激（ベルの音）とともに，無条件刺激（肉）を何回も一緒に与えるのが強化である。この強化によって，条件反応を成立させることを条件づけという。強化は肉のような報酬（プラスの報酬）が与えられるときは，プラスの強化といい，電気ショックのような罰（マイナスの報酬）が与えられるときはマイナスの強化という。行動主義の提唱者ワトソンは恐怖も学習されるとして，幼児にマイナスの報酬を与えることにより，恐怖の条件づけを行っている（図4-2）。また，刺激に対して，それまで与えられていた報酬が与えられなくなると，そのことが学習され，その行動は抑えられる。そのことを消去学習という。

　この古典的学習のメカニズムによる学習は，私たちの日常生活でも頻繁に生じている。たとえば，テレビコマーシャルはこの原理を利用して商品を広告している。視聴者にとって，CM での新しい商品の名はパブロフの犬にとってのベルの音と同じ，音はするが，最初は何の魅力もない。ところが，コマーシャルはその商品名（条件刺激）と同時に毎回魅力的な無条件刺激を提示する。これが強化となる。無条件刺激としては，たとえば可愛い子どもやペットの姿，

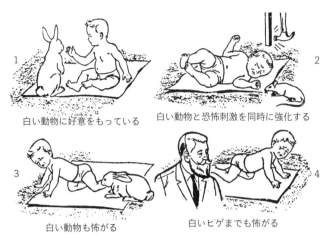

1 白い動物に好意をもっている

2 白い動物と恐怖刺激を同時に強化する

3 白い動物も怖がる

4 白いヒゲまでも怖がる

図 4-2　ワトソンの幼児における恐怖の古典的学習（Watson, 1930）

美人やイケメン，スポーツをする姿，美食あるいは美しい風景など，誰もが無条件で快感をもつような映像が選ばれる。すると視聴者は，この快感をもたらす刺激といつも一緒に出される新しい商品にも，快感をもつようになる。そして，買い物に行ったとき，ついその商品に手が伸びてしまうのである。

B　オペラント学習

　オペラント学習は，オペラントが操作するという意味であることから分かるように，自ら行動し，その行動の結果によって報酬を受け，元の行動が強化されて新しい行動を獲得する学習のことをいう。

　アメリカの心理学者スキナーは，このオペラント学習の実験のため，トピックス 4-3 の図のようなネズミ実験用の「スキナー・ボックス」という装置を開発した。以後，世界中の心理学者によってこのボックスが数多くの学習実験に用いられ，研究が行われてきた。

　このボックスはネズミが壁面のレバーを押すと，横のエサ皿に小さなエサが一つ出てくる装置である。しかし，そんなことは知らない空腹のネズミは，箱の中でいろいろな行動をする。偶然レバーを押すことがある。すると，エサが出てくる。またいろいろ行動しているうちにレバーを押し，また，エサが出て

トピックス **4-2**

試行錯誤を繰り返して学ぶ

●ソーンダイクのネコの問題箱実験●

　ソーンダイクは，下図のような箱に空腹のネコを入れ，箱の手前にエサを置き，ネコの行動を観察した。これが，オペラント学習の初めとなるソーンダイクのネコの問題箱実験である。箱に入れられたネコは，はじめのうちは，格子の間から手を出して床を引っかいたり，隙間を見つけては押し広げようとした。それがダメだと箱の中をうろつき回ったり，さまざまな行動を繰り返し行った。そのうちに偶然，箱の中にある踏み台に乗る。すると扉が開き，ネコは外に出てエサを食べることができる。この問題箱は，ネコが中に垂れ下がっているロープを引くか，踏み板に乗るかすると，扉が開く仕組みになっている。

　実験では，ネコがロープを引いて扉を開け，外に出てエサを少し食べると再び箱に入れられる。ネコは再びバタバタといろいろな行動をし，エサを得ようとする。これが繰り返される。実験は，ネコが箱に入れられてから外に出るまでの所

要時間が毎回測定された。ネコはこのような行動を繰り返すうちに，次第に無益な行動をしなくなり，すぐにロープや板に向かう行動が早くなる。このため，箱から出るまでの時間は，下のグラフに見られるように次第に短くなっていく。

　ソーンダイクは，ネコのこの問題解決行動を試行錯誤の中で刺激（ロープや踏み板）と特定の反応（ロープを引くまたは板を押す）との間に連合が形成されたと考えた。その連合形成は，試行錯誤の行動をしているなかで，効果のあった反応が残っていき，形成されるとし，それを「効果の法則」とした。この法則は今ではそのままの形では受け入れられてはいないが，実験はオペラント学習の出発点となり，後の学習の研究や理論に大きな影響を与えた。ソーンダイクは，ロープなどを報酬を得る道具として学習したとして，この学習法を道具的学習と呼んだ。

図　ソーンダイクのネコの問題箱の実験風景

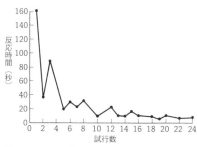

図　ネコの試行錯誤学習曲線 (Thorndike, 1911)

くる。レバー押しからエサ獲得の行動が何回も繰り返されると，レバーを押すことでエサが得られるという条件刺激（レバー）-条件反応（エサ獲得）が学習される。学習が成立すると，ネズミは，もう迷わずにレバーを押し続けることになる。刺激（S）と反応（R）が結びつくという意味でこれをSR結合と呼ぶ。これでオペラント学習が成立したことになる。

オペラント学習の実例を知るには，自宅でペットに芸を教えるか，水族館やサーカスに行くのがよい。水族館に行くと，イルカやアザラシが芸をやっている。なぜそんな上手な芸（行動）ができるのか，と驚くだろう。そこで，よく見ると，イルカが輪をくぐるたびにトレーナーがイルカの口に小魚を入れているのが見える。報酬としてエサをあげているのである。この報酬が，この芸（行動）をつくり上げているのである。

また，サーカスに行くと，ライオンが火の輪をくぐっているのを見ることができる。猛獣は火を怖がるのに，火に向かっていく。これにも驚くが，トレーナーの手にはムチがある。ムチ（マイナスの報酬＝罰）によって，この芸（行動）がつくられるのである。これは罰によるオペラント学習である。

では，人間同士ではどうか。直接的なアメとムチによるオペラント学習もあるが，人の場合，言語による報酬効果が大きい。人は，ほめられるとうれしくなり，叱られると嫌になる。これは，ほめられるのが報酬，叱られるのは罰だからである。このため人からほめられる行動をするようになり，叱られたり，嫌われたりする行動はしなくなる。このように日常生活の中で，多くのオペラント学習のメカニズムが働いて新しい行動が成立しているのである。

C 観察学習

学習は経験によって成立するが，本人は直接体験せず報酬も罰も受けないが，他の人の行動を観察することにより成立する学習がある。人は，他の人が，ある行動をして，それにより報酬や罰を受けているのを見ると，自分もそのようにやってみよう，あるいは止めておこうと，自分の行動を変化させることが多い。それが，間接経験による観察学習である。バンデュラは，他者の行動をイメージとして獲得するという点を強調し，他者をモデルにするという意

トピックス 4-3

いつ報酬がもらえるか分からない方が効果的？

●全強化と部分強化と消去学習●

スキナーが開発した学習実験用スキナー・ボックス（下図）はネズミがレバーを押すとエサが出る装置である。エサの出し方としてレバーを押すごとに必ずエサが出る場合（強化刺激を与えること）を全部強化するという意味で，全強化という。これに対して，必ずしも毎回エサを出すわけでなく，時々エサを出す強化を部分的に強化するという意味で，部分強化という。この部分強化でも十分に学習が成立するのである。

面白いことに，むしろ，部分強化の方が学習効果はよいのである。これを強化の矛盾という。もちろん，新しい行動をすばやく学習するには全強化が最適である。その行動をすれば報酬が得られることがはっきりと示されるからである。しかし，一度学習した行動が長く続くのは，部分強化の方が効果的である。なぜそうなるのかというと，全強化の場合，強化をやめると，つまり，報酬を与えるのをやめるとすぐにその行動から報酬が得られなくなる。ネズミは，そのことを学習してしまう。そこで，行動をやめてしまう。これを消去または消去学習という。

一方，部分強化で学習した場合，学習の過程でも報酬がきたりこなかったりする。だから，強化がなくても，その行動を続けられる。つまり，消去に対する抵抗が強く，このため学習した行動が長く続けられることになる。

となると，効果的学習法としては，最初は全強化し，どうしたら報酬が得られるかを学ばせ，その後は部分強化に切り換え，その行動を持続させるのがよいということになる。

部分強化の方法には，一定の試行数に対し，強化する定率強化や，一定時間ごとに強化する定間隔強化などがある。

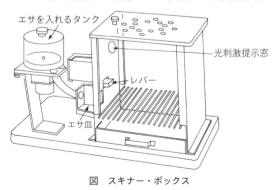

図　スキナー・ボックス

味からこの学習をモデリング学習と呼んでいる。

　間接的経験による学習というと，直接的経験による学習よりも重要でないような感じがするかもしれないが，実は人の学習のかなりの部分が，この観察学習によって成立している。そのことは日常生活でテレビやネットから多くの情報を得たり，街で人の行動を見たりして，新しい行動傾向を学んでいることを思い出せば，分かるだろう。学校でも，授業内容の大半は言葉やパソコンを使い，テキストを用いて学んでいる。これらはいわば間接学習である。人は観察により多くのことを学んでいるのである。

② 効果的学習法

　ここまで，学習の基本的メカニズムについて述べてきたが，心理学の学習分野への社会一般の期待は，これだけではない。より関心があるのは，日常生活での勉強の効率的学習法の科学的解明とその応用であろう。そこで，次に実際の効果的学習法についての心理学の知見を述べていく。

　現代社会では，学習は，学校教育にとどまらない。都市型社会は技術進歩が著しく，また，情報が氾濫している。社会人も常に新しい技術と知識を獲得する必要があり，また，グローバル化した社会では情報処理や語学を含めた広範囲の学習が要求される。いわば生涯が学習の時代である。

　そのような社会生活ではより効果的な学習方法が望まれよう。学習心理学においても，従来のような学習の原理の研究のみならず，近年，効率的学習を視野に入れた実践的研究が進められてきている。その代表的学習方法を以下に見ていくことにする。

A　分散学習法（間隔学習法）

　夏季集中講座など，集中学習の効果をうたうコマーシャルは多い。また，学習者も，教師も，親も，多くの人が，短期間でできるため，分散学習よりも集中学習に魅力を感じ，効果的だと思っている。

　心理学では以前から，分散学習の方が効果的という実験結果は示されていたが，社会的にはあまり評価されず広く行き渡っていない。しかし近年，実践的

トピックス 4-4

子どもは大人の行動を見て学ぶ

●バンデュラの攻撃行動の観察学習●

　観察学習の実験として最も有名な実験は，バンデュラが行った幼児の攻撃行動の観察学習の実験である。

　この実験では，幼児が偶然，下の写真の上段のような幼稚園の先生と思われる女性がボーボー人形を殴ったり蹴ったりしている姿を見てしまう。これは，実験的に設定された状況であるが，この大人の暴力を見た後，子どもは別の部屋に連れていかれる。その部屋には，先ほど大人が殴ったり，蹴ったりしていた人形と同じ人形が置いてある。このとき，子どもがどんな行動をするかが観察された。その結果，いつもはそんなに暴力的ではない子どもが攻撃的な大人の行動を見た後だと，写真のように，見たのと同じような乱暴な行動を多発させることが明らかになった。バンデュラらは，これは観察による学習（モデリング）が成立したことによると考えた。

　さらに，バンデュラらは，この実験の際，その状況をビデオに撮っておき，大人が暴力をふるっているモニターを幼児が偶然，見るという条件も設定した。その結果，リアルでなく，画面を通して暴力を見た場合でも同じように攻撃行動のモデリングが生じることを明らかにした。

　現代社会は，マスメディアがますます発達してきている。このため，メディアのモデルを媒体にした観察学習の成立の研究は，社会的にも話題となった。

　ただし，バンデュラの実験結果は，モデリングというよりも，実験状況への幼児の役割期待による行動ではないかという疑義も議論されている。

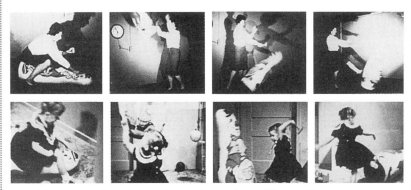

図　攻撃行動の観察学習の実験風景（上がモデルの行動，下が幼児の行動）(Bandura et al.,1963)

効果を目指した研究で，分散学習の方が集中学習よりも優れていることが，さらに明確に実証され，改めて分散学習が注目されてきている。ある学習に同じ時間をあてるなら，たとえば，5時間の勉強時間がつくれたとしたら，一気に5時間集中的に勉強するよりも，1週間に1時間ずつ5週間勉強する方が，効果的な勉強法である。このことが，多くの実験的研究で示されている。集中学習は達成感はあるが，成果が長続きしない。分散学習は間隔をあけて学習するので，長期にわたることで効果が上がる。この学習方法は，間隔学習とも呼ばれる。

B　交互学習法

いくつかの種類の科目や技術は，各々を集中的に学習するよりも，交互に織り交ぜて学習する方が，成果が上がることが実験的に明らかにされている。直観的には，各々を，集中して学ぶ方が，効率がよさそうに感じ，実際，学習し終えた後も，個人的にはそのような感想をもつ人が多い，しかし，実験的研究などで客観的な成果を比較すると，交互学習の方が，効果が上がっていることが実証されている。複数の科目の試験が迫っているときは，各々の科目を交互に勉強をした方が，実際に効率的である。

C　多角的学習法

一つのことを学ぶとき，いろいろな状況や角度から，学習する方が，効果的である。一つの目標の場合，それに集中した方が効率的であるように思えるが，実験的研究により，直接関係なくても関連する他のいくつかの状況も含め，多角的に学習し練習した方が，一つの状況を集中練習するよりも，より成果が上がることが実証されている。トピックス4-5にその例を示す。

D　プロセス学習法

技術を身につける学習は，学習する方法を具体的に教え，習得させることで，よりよい成果を上げることができる。ガンバレと鼓舞したり，成果を上げるように指示したりするよりも，技能的プロセスをきちんと教え，そのうえで訓練することが，技術習得の早道であり，成果も上がることが心理学の実験で明らかにされている。

トピックス **4-5**

いろいろな方法で練習した方が効果的

●多角的学習の実験●

　多角的学習法（多様的学習法）の効果を見るために，一つの実験が行われた。その実験では，子どもたちを次の二つのグループに分け，お手玉を的に当てるゲームのトレーニングを6週間行った。

A　1m先の的に当てる練習
B　60cmと1.2m先の的に当てる練習

　練習回数は両方のグループとも同じである。訓練の後，両グループに，1m先の的に当てるテストを行った。テストの成績は，テストと同じ課題を集中的に練習していたグループAの子どもの方が有利に思えるが，結果は違っていた。グループBの子どもの方が的当ての成績がよかったのである。この結果，技能習得学習には，状況を変えた多角的学習法が効果的であることが実証された。その理由は，変化を取り入れた練習の方が動きを調整する能力を身につけ，応用力を高め，その結果，よりよい成績が生み出されたためと考えられた。研究者は，多角的学習法は，問題対応への高いスキーマ（認知的枠組み）をつくるので，効果的であるとしている。

　同様に，別の研究者が，バドミントンの練習方法で，多角的学習の効果を証明した実験もある。トレーニングは，右側コートからのサーブの練習で，週3日，3週間行われた。一度の練習は36球ずつであった。実験での練習は，次の三つのグループに分けられた。

A　各回，同一のサーブ（シュート，ロング，ドライブのいずれか）のみ
B　各回，3種類のサーブを同じ順序で
C　各回，3種類のサーブをランダムに

　テストは練習では打ったことのない左側コートからのサーブである。その成績を比較すると，Cグループが最もよく，続いてB，Aは最後だった。ここでも，多角的で多様な学習方法の方が効果的であることが実証された。

　なぜ，多角的学習の方が効果的かについて，最近の脳神経の研究では，多角的学習の方が一点学習よりも，脳のより多くの部分が広く活性化されていることが明らかにされている。それにより学習が，より複雑に進められ，それが好成績に働いているとされている。

このことを実証したダーツの実験がある。実験は，次の3群に分けられた。

(1) 成果強調：的の真ん中に投げ，点数を上げるように促す。

(2) 技術強調：腕の使い方などダーツの投げ方を教え習得した後，的を狙わせる。

(3) 奨励強調：ベストを尽くすように励まし，的を狙わせる。

三つのグループの成績を比較すると，(2)のグループの成績が抜きん出て高得点だった。学習成果を上げるには，励ましや成果を強調するよりも，成果を上げるにはどのようにしたらよいか，そのスキルとプロセスを教え，学ばせることが，効果的であることが明らかにされた。このメソッド学習法の成果は，ゲームだけでなく，スポーツ技能や知識の獲得，文章の上達など各分野で効果的であることも実証されている。

E 教授学習法

知識でも技術でも，自分が人に教える状況となると，気持ちが入り，学習が一段と深まる。教えることで学習効果が増すことを教授学習法という。人に教えるとなると，十分に理解していないとできない。相手がいるのでごまかすことができない。そのうえ，相手の人の評価が気になり，自尊心を傷つけたくない気持ちが強く生じる。自分1人でする学習とは，緊張度が異なる。

実証実験において，学んだ後に，人に教えることになると言われたグループと後にテストをすると言われたグループの成績が比較された。その結果，教えることになると言われた教授学習者の成績の方が，テスト学習者より成績が良かった。教えるとなると，全体を見渡すメタ認知が必要になるので，教師側に立つと学習対象を，深く，そして，広角から学ぶのである。

F 検索学習法 (図4-3)

学んだことをその後，復習するとき，最初に学んだことを2回目にも，もう一度，同じように復習する単純復習学習法をとることが多い。検索学習法は，そうではなく，2回目以降は，1回目に学んだことを記憶の中から検索する，つまり，思い起こす方法である。この方法は，2回目以降は常に1回目の学習を想起するテストになる。このため，この方法はテスト法とも呼ばれる。

トピックス 4-6

徹夜より眠った方がテスト成績が上がる

●睡眠の学習効果●

　脳の睡眠中の活動の研究が進むにつれ，第3章の睡眠研究の項で見たように，覚醒中に努力して学んだことが，睡眠中のレム睡眠や深いノンレム睡眠のときに，情報整理され，記憶されることが明らかになってきた。それだけでなく，睡眠中にさらに，知識が深化し，創造性が増すことも明らかになってきている。

　このことは一睡もせず徹夜で勉強して試験に臨むガリ勉が，あまり効率的ではないということにもなる。勉強し終えたら，ぐっすり眠った方がよいことを示している。

　この事実を実証する研究は古くジェンキンスらの研究がある（図参照）最近の実験でもある図形間の関係性を学習させ，その後，睡眠をとったグループを，学習の後，同じ時間覚醒していたグループとその成果を比較した結果，再生率は，覚醒グループは69パーセントの成績に対して，睡眠グループは90パーセントとなり，学習後，睡眠をとった方が，学習が効果的であることが明らかにされている。さらには，昼寝は批判されがちだが実は，昼の睡眠が学習効果を上げるという実験的研究もある。近年，睡眠中の脳の神経細胞の働きが研究されつつあり，学習には，十分な勉強と，同時に十分な睡眠が必要であることが，脳科学的にも実証されてきている。

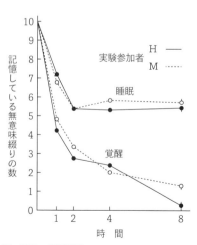

図　睡眠の学習効果 (Jenkins & Dallenbach, 1924)

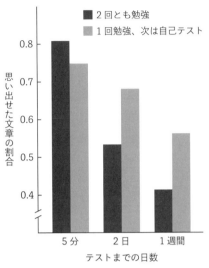

図 4-3　テスト法の効果(Carey, 2014)

実験の結果，単に復習する場合よりも情報を探し出す努力をするため，脳は活発に活動し，結果，学習効果は上がるとされる。

　最近のある実験で，被験者に文章を読ませ，4回復習させるかと，1回読ませ，後3回はそれを思い出す学習をさせた。そして数日後，二つのグループの学習成果をチェックしたところ，探索グループの方が成績がよかったのである（図4-3）。脳内で情報を探し出す行為が，学習効果を上げたとされている。

2◆　記　憶

　今，自分の記憶がすべてなくなったとしたらどうなるか。このことを考えれば私たちにとって，記憶がいかに重要であるかが，よく分かる。記憶がなければ，私は誰なのか，どこで育ったのか分からない。相手が友人かどうかも分からない。名前も分からない。文字の記憶もなく，言葉の記憶もなければテレビやネットを見ても分からない，新聞もメールも読めない。

　人は，経験による学習を通していろいろなことを学ぶが，それを記憶してい

トピックス 4-7

知らないうちに記憶が変わっていく

●記憶の意味づけ効果●

　記憶内容は，記憶したときの解釈や意味づけなどが，強く影響を与え，保持過程においてその枠組みの方向に内容が変形される。カーマイケルらは，このことを実証するために，下図の中央にあるような，あいまいな刺激図形を最初に提示して，記憶実験を行った。実験は，二つの集団にこの図形を見せたが，その際，一方の集団にはこれらの図の一つひとつを語群Ⅰに示したものであると説明し，他方の集団には同じ図形を語群Ⅱに示したものであると説明した。このように同じ図形をそれぞれに異なる名前をつけて記銘させ，その後，記憶した図形を再生させた。その結果，再生図形は両集団と

もに，70% 以上の人が説明された名前の事物に似た方向へ変化させていた。変化した代表例が，図の左右に示されている。このことは，言語的ないし概念的枠組みづけによって，記憶は保持過程で変わりやすく，大きく影響されることを示している。

　この実験では，枠組みづけが実験者により与えられているが，日常生活では，このように外から与えられるだけでなく，自身のもっている心理的先行枠組み（スキーマ）や思い込みによって物事を解釈し，その方向に記憶内容を変化させていく場合も少なくない。

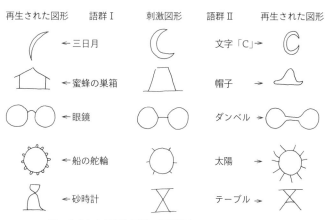

図　命名による再生図形の変容例 (Carmichael et al., 1932)

て必要なときに思い出し，利用することにより，初めて日常生活に，役立たせることができる。記憶され，身についた知識や技能によって，意識的あるいは無意識的に会話ができ，漢字もアルファベットも書ける，自転車にも車にも乗れる。記憶が，私たちの生活をスムーズにしているのである。

■1 記憶のプロセス

　心理学の黎明期，記憶は中心的テーマの一つであり，エビングハウスにより初めて実験的手法で忘却プロセスの研究が始められた（図4-4）。その後，記憶の研究は，行動主義の台頭により等閑視されていたが，20世紀後半，認知主義の心理学が隆盛になると，再び心理学の主要なテーマとして注目されることになった。

　日常的に記憶というと，まず漢字や英単語などを覚えるなど試験勉強を思い浮かべるであろう。心理学では，記憶には次の三つのプロセスがあると区分して研究されている。

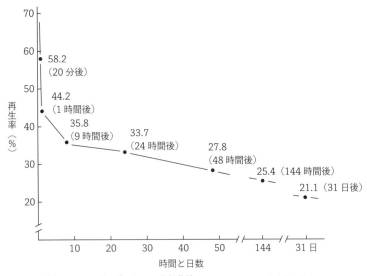

図 4-4　エビングハウスの忘却曲線（Ebbinghaus, 1885 をもとに作成）

トピックス 4-8

どんな記憶法が学習効果を上げられるのか

●記憶研究の諸成果●

記憶は近代心理学の初期の主要テーマの一つであり，多くの実験がなされている。その古典的成果について，以下に代表的なものをあげる。

（1）忘却曲線

記憶実験の先駆者はエビングハウスである。彼は，記憶するときの刺激の中立性を保つため，無意味綴りという意味のないアルファベット綴りを作成した。これを記憶材料として，まず記憶し，一定時間後，それを再学習した。その再学習する際に，改めてどのくらい時間がかかるか（再学習法）を記録し，そのデータをもとに，忘却率を測定した。それが忘却曲線である。その結果，記憶の忘却は急速に生じ，1日経つと 1/3 以下になってしまうことが実証された。ただその後，忘却曲線は，なだらかになることも明らかにされた（図4-4）。

（2）逆向抑制と順向抑制

一つの記憶学習をしたその後に新しく記憶学習をすると，その学習が，前に学習したことの保持，再生を妨害し，忘却させることがある。それを逆向抑制という。逆に，直前に記憶学習したことが次に学習することの保持，再生を妨害し，記憶を難しくすることもある。これを順向抑制という。相互に似たものを続けて学習すると，互いに干渉し合い，記憶効率を悪くする。それは，前後の記憶学習が似ている学習の場合，逆向抑制と順向抑制がより強く働くからである。たとえば，英語の後にフランス語の勉強をするのは効率が悪く，英語の後には数学の勉強をする方が記憶に効果的である。

（3）孤立効果

記憶材料が類似したものが多いと覚えにくい。その中に一つだけ異質なものがあると，すぐに記憶される。これを孤立効果という。レストルフが提唱したので，レストルフ効果ともいわれる。

（4）系列位置効果

記憶するとき，材料の呈示順序により記憶の成果が異なる。たとえば，単語15個を，順に記銘した場合，最初の5個と最後の5個は再生されやすい。中間の5個は再生されにくい。これを系列位置効果という。最初と最後が記憶されやすいことを初頭効果と親近効果（新近効果）という（下図参照）。

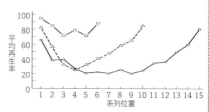

図　記憶の系列位置効果の曲線（単語5個，10個，15個の記憶再生率）(Jahnke, 1965)

> ◆記憶の3プロセス◆
> (1) 記銘（覚えること）
> (2) 保持（覚えたことを維持すること）
> (3) 想起（覚えたことを再生，再認すること）

　この三つのプロセスがスムーズに働いて初めて，記憶は有効に機能する。まず，第1は覚えること，覚えなければ，記憶には残らない。次にそれを保持すること。いったん覚えても，保持されなければ，記憶として残らない。ただ，記憶はコンピュータメモリとは異なり保持されている間に減衰したり，変形したり，歪められたりすることが，実験では明らかにされている（トピックス4–7）。そして，三つ目の想起には再生と再認がある。保持されている記憶を必要なときに思い出し，それを利用することである。記憶されていても思い出せなければその場でなんの役にも立たない。

　記憶の研究は，古くからこの一連の三つのプロセスについて実験的に検討してきている。その成果がトピックス4–8にまとめてある。

❷ 記憶の保持システム

　記憶とは，覚えたことを頭の中に保存しておくことであるが，人の記憶の保持システムはどのようになっているのであろうか。記憶心理学では，記憶の保持システムは，次の三つの貯蔵庫（メモリーボックス）からなるとしている。

> ◆記憶の三つの貯蔵庫◆
> (1) 感覚記憶庫
> (2) 短期記憶庫
> (3) 長期記憶庫

A　感覚記憶と短期記憶

　大半の情報は，図4–5に示すように，外から刺激として目，耳，鼻などの五つの感覚器官を通して，まず，感覚記憶庫に入る。しかし，この感覚記憶庫

トピックス 4-9

考えるなと言われると，忘れられなくなる

●シロクマ記憶実験●

　ウィグナーは，シロクマを題材に，逆説的記憶法の実験を行った。この実験では，参加者は，まず，シロクマの生態映像を 50 分ほど観た。その後，実験者は参加者を 3 グループに分け，今，観た映像について各々のグループに，次のように話した。

A　今，観たシロクマのことを，この後，よく考えて下さい。

B　今，観たシロクマのことを，この後，考えても考えなくてもいいです。

C　今，観たシロクマのことを，この後，絶対に考えないで下さい。

　その後，期間をおいて，各グループにシロクマの映像のことをどのくらい記憶しているか，テストした。その結果は，常識的に考えれば，A グループが一番よく覚えていると思われる。しかし，実験の結果，C グループが一番よく覚えていたことが分かった。

　考えるな，と言われると考えてしまう。しかもその方が，よく覚えている。この皮肉な結果は文字どおり，皮肉過程

理論と呼ばれている。実験者のウィグナーは人間の思考には

　①実行過程
　②監視過程

の 2 つの過程があるとしている。実行過程とは，通常の思考過程である。この例ではシロクマのことを考えることである。他方，監視過程とは，自分が今，何を考えているか自分の意に沿って考えているかを監視する思考過程である。ここの例では，シロクマのことを考えないようにチェックすることである。ただ，考えているか，考えていないかをチェックするためには，その都度シロクマのことを意識しなければならない。このため，シロクマのことを思い出すことになり，結果，覚えていることになるのである。この実験は忘れようとすればするほど覚えているという逆説的で皮肉な人間の思考過程を明らかにした。失恋した元カレ（カノ）を忘れようとすると逆に忘れられないのは，思考の監視過程によるのかもしれない。

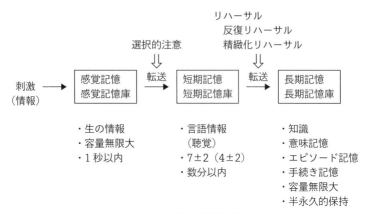

図 4-5　記憶の 3 貯蔵庫説

では，目からの視覚情報は，わずか 4 分の 1 秒，耳からの聴覚情報でも数秒という非常に短時間のみ保持されるだけである。その間に注意を向けた一部の情報のみが，次の短期記憶庫へと送られる。この短期記憶庫も，一度に保持できる情報がかなり制限されている。その量は，心理学者ミラーの研究により 7 個±2 個であるとされた。これが，「マジカルナンバー 7」として知られる記憶の限界量である。つまり短期記憶庫では，人はおよそ 7 個前後覚えていられるという。では，7 桁の電話番号であればメモなしで覚えていられるかというとそれはかなり難しい。最近の研究では，短期記憶のマジカルナンバーは 4 ではないか，という説が有力である。たしかに電話番号も，4 桁なら容易に覚えられる。ただ，このマジカルナンバー説，短期記憶の容量がたった 4 個かというとそうではない。単純に 4 個というのではなく，まとまりが 4 個という意味である。たとえば，02035355902 というケータイの番号は 11 桁である。これは，4 個以上なので，1 回では覚えられない。しかし，これを 020 と 3535 と 5902 の三つに区切り，020 の 3535 の 5902 とすると，各々が 3 個，4 個，4 個で，三つのまとまりになり，いずれのまとまりの中も 4 個以内なので余裕をもって覚えられる。この一つひとつのまとまりは，人間が情報を処理する過程における心理的な単位とされ，チャンクと呼ばれる。ケータイ番号の例でも分かるように，チャンキングの仕方によって記憶量は変わる。うまくチャ

トピックス **4-10**

作業を途中で中断されると，よく覚えている

●ツァイガルニク効果●

　レストランではウエイトレスが，一度に多くの客から注文を受ける。それを，よく覚えていて，シェフに伝える。ツァイガルニクは，そのことにヒントを得て，未完の作業は，完了してしまった作業よりも記憶がよく保持されるのではないかと考えた。そして，作業中断の記憶実験を計画した。

　実験は各参加者に，箱作りやパズル，粘土細工など，いずれも 4〜5 分で完成できる作業を 20 種類ほど用意し，ランダムに割り当て，順次，完成させるように指示した。そこで，各参加者は作業を始める。ところが，その作業中に実験者が作業者のところに，予告なしに近づいて，抜き打ち的に，遂行中の作業を止めさせ，別の作業をするように指示する。なかには，中断が入らず完成まで進む作業もある。

　実験終了後，実験者は，実験中に作業した内容をできるだけ思い出し，書き出すように指示した。その結果，作業の内容に関係なく，作業を完了した課題よりも，作業を中断された課題の方が，より多く想起された。しかも，思い出すように言われて，最初に思い出されたのは，中断された作業ばかりであった。人は目標達成に向かって努力していくが，邪魔が入り，それが中断されると，あまり，よい気分にはならないかもしれない。ところが，記憶という点から見ると，中断された作業の方が記憶に強く残ることが実証されたのである。さらに，作業に集中しているときや完成間近のときに中断されると，より記憶に残ることも分かった。この実験は古く，1920 年代の実験であるが，今でもこの効果は重要視されており，研究者にちなんでツァイガルニク効果と呼ばれている。この結果から考えると，作業や課題を記憶にとどめておこうとしたら，完了するよりも，中断しておいた方がよいことになる。連続ドラマが盛り上がったところで中断されると，たしかに記憶に残りやすい。

ンキングすることが記憶量を増すのに有効とされる。

　さて，いったん短期記憶庫に入った情報も，そのままではたいてい数秒，長くても数分のうちに失われてしまう。では，短期記憶庫で情報を保持するためには，どうしたらよいか。それにはリハーサルすることが必要とされる。それにより，情報を長期記憶庫に移行できるのである。

　リハーサルには，反復リハーサルと精緻化リハーサルの 2 種類がある。反復リハーサルとは，保持したい情報を単純に繰り返すことである。たとえば，電話番号を覚えるときに，頭の中で数字を繰り返すことなどである。しかし，この操作だけでは，情報は保持されにくい。他のことに気を取られて注意がそちらに向くと，すぐに忘れてしまう。たとえば，電話番号を反復暗唱していても，誰かに声をかけられたりすると，その瞬間に電話番号を忘れてしまう。

　精緻化リハーサルとは，情報を意味づけしたり，イメージを思い浮かべたりする方法である。たとえば，語呂合わせをしておけば，誰かに話しかけられた後でも思い出せる。こうして，短期記憶庫で，反復されたり，意味づけされたり，イメージ化されたりしたものが，長期記憶庫に入る。ここに入ると，その情報は知識となり，長期的に記憶される。なかには，昔の思い出のように，半永久的に保持される記憶となるものもある。

　では，情報は長期記憶庫にどのように蓄えられているのであろうか。

B　長期記憶

　長期記憶とは日常，私たちが，あることを覚えているというときの記憶のことで，長期記憶庫とは，その記憶が保持されている場所である。いわば知識や体験の貯蔵庫で，私たちはそこから必要に応じて知識を取り出し，効果的に使用しているのである（ただし，これは概念上の仮説であり，実際に箱状のものが脳内にあるわけではない）。

　長期記憶は，内容において次のように分類される。

トピックス 4-11

画像記憶は，学習直後より，4 日後の方が覚えている！

●記憶のレミニッセンス現象●

　記憶は，通常，時間の経過に伴い減少する。エビングハウスはこのことを忘却曲線で示した。ところが，記憶には，覚えた直後より，時間がしばらく経った方が，よく思い出せるという不思議な現象がある。そのことをエビングハウスと同時期にバラードが実験で発見した。その実験は，児童に詩の一節を記憶させ，まず直後にテストした。それから，予告なしに，数日後に 2 回目をテストし，それ以降も 1 日ごとに，テストした。その結果，直後より，2〜3 日後の方が，再生率がよかったのである。最も再生率が高かったのは 4 日後で，その後は，減少していった。この奇妙な現象は，記憶研究の初期に発見され，レミニッセンス（記憶改善）現象と呼ばれた。

　しかし，その後の記憶研究ではあまり注目されず，時折，研究されても，結果がまちまちで，重要視されなかった。しかし，20 世紀後半，レミニッセンスの記憶内容の違いに焦点をあてた実験が行われて以降，再び注目されている。その

実験では参加者に，テレビ，イス，靴などの 60 個の下の図のようなイラストをスライドで映し出し，それを記憶させた。そして，想起時期を，直後，10 時間後，1 日後，4 日後に設定し，思い出したものを言葉で言うという形で，再生テストをした。

　すると再生率は漸次，減少するどころか，時間が経つごとに高くなり，4 日後が最も高く，レミニッセンス現象を再実証した。比較として，別の参加者には最初のスライド提示の際，イラストではなく，単語名をスライドで映し出し，同一の再生実験を行った。すると，再生率は，10 時間後がピークでその後は徐々に減少していった。この実験の結果，レミニッセンス現象は，絵画，写真，イラスト，意味のある文章などに生じること，記憶してから 4 日目が，最も再生率が高いことなどが明らかにされた。記憶効率を上げるには，できるだけ映像化し，数日後に再生を繰り返すことが効果的といえよう。

図　実験に使用された絵 (Carey, 2014)

```
◆長期記憶の分類◆
 ⑴  手続き的記憶
 ⑵  陳述的記憶 ─── エピソード記憶
              意味記憶
```

　手続き的記憶とは，言葉による記憶ではなく，自転車の乗り方，水泳，ブラインドタッチ，楽器の演奏やボールの打ち方などのような，技術，技能，スキルといわれる身体を使うときの運動的記憶である。身体で覚える，身体が覚えているという記憶である。覚えるまでは，意識的トレーニングが必要で，何回も試行錯誤を繰り返す。しかし，いったん覚えてしまうと忘れることは少なく，長年乗らなくても，迷うことなく自転車に乗れ，楽器を持てば，無意識的に，すぐに演奏できるのは，この記憶による。これが長期記憶の手続き的記憶である。運動だけでなく，複雑なパズルやゲームを無意識に解くなどもこの手続き的記憶の一つである。

　陳述的（宣言的）記憶とは，これが通常，記憶という場合の記憶で，言葉を介した長期記憶である。頭の中に言葉で覚えていて，思い出したいときに意識的に検索して想起，再生する記憶である。いわゆる，私たちが知っていること，覚えていることで，言葉で表せる知識体系のことをいう。

　この陳述的記憶は，エピソード記憶と意味記憶の二つに分けられる。エピソード記憶とは，出来事に関する記憶である。たとえば，子どもの頃の出来事，旅行やイベントなどの思い出の記憶などである。一つの話としてあるいは物語（ストーリー）として言葉で再生される記憶である。エピソード記憶は，時系列と特定の場所の記憶からなっていて，時間の流れに沿って記憶されていて，時系列で再生される。小学校の運動会の思い出，結婚式の思い出，海外旅行の思い出などが典型例である。エピソード記憶はこのような個人的経験の記憶であり，多くの場合，喜怒哀楽の感情を伴った記憶である。このため，想起するときは，その感情も一緒に思い出される。また，エピソード記憶は，意識して覚えようとしなくても，1回の経験で，長期的に記憶されるシステムであ

トピックス **4-12**

昔のことは覚えているが，今のことは覚えていられない

●大脳辺縁系の海馬と記憶●

　心理学のこれまでの研究により，記憶には，短期記憶と長期記憶，顕在記憶と潜在記憶，手続き記憶と意味記憶など，いろいろな形態があることが分かってきた。近年は，これらの記憶が，脳のどの部位の働きによりなされているかに注目が集まり，研究が進められてきている。その結果，大脳辺縁系の海馬という部位が，記憶の中心的役割を果たしていることが明らかにされた。海馬は，大脳の中心部奥深いところ大脳辺縁系に位置し，タツノオトシゴに形が似ていることからこの名前がついている。海馬が記憶に関係するという事実は脳の除去手術から発見された。

　20世紀半ば，てんかん治療の手段として，今はなされていないが，脳の一部除去手術がなされ，一定の成果をあげていた。その中に，この手術を受け，大脳辺縁系の海馬を除去した患者がいた。ところがその患者は手術の結果，記憶能力を失ってしまった。新しい経験を長期記憶としてまったく保持できなくなってしまったのである。つまり，今，やったことを問われても，しばらくすると何をしたのかまったく覚えていないのである。しかし，短期記憶は人一倍優れていて，数分の間はよく覚えている。また，手術前の昔の出来事は思い出せるのである。このことから，海馬が短期記憶から長期記憶への連絡に強い関係をもっている部位であることが明らかにされた。さらに研究の結果，術後の手続き的記憶は，本人がその訓練をしたことを忘れてしまっていても，練習するごとに成果が徐々に上がり，身についていくことが分かった。

　最近では，手続き的記憶は脳の別の部位，大脳基底核（大脳皮質の下側）と小脳で主になされていることが明らかにされている。

　近年，fMRIなど，脳の機能の画像処理装置が開発され，この分野の研究が急速に発展している。記憶研究においても，最近，海馬のすぐ前にあり，感情の主体をなすとされている扁桃体も記憶に関連していることが分かってきている。

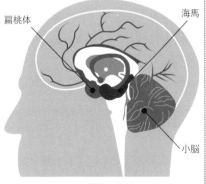

図　海馬の位置

る。その点，何回もリハーサルをしないと覚えられない意味記憶とは異なるシステムである。時間と空間を伴ったエピソード記憶は維持されやすく，再生もされやすい。

　一方，意味記憶は，化学の知識，歴史の知識，法律の知識，心理学の知識など時間や場所を伴わない記憶で，いわゆる知識である。この意味記憶は，意識して覚える記憶で，また意識して思い出す記憶である。意味記憶は言葉をもとにつくられており，人に話したり，頭の中で考えたりする際に利用される辞典のような記憶である。ただ，時間空間のつながりがないため，エピソード記憶に比べ，忘れられやすく，覚えるには，リハーサルが必要で，また，想起，再生も難しい。いずれにしろ，このエピソード記憶と意味記憶による豊富な記憶が人との会話を豊かにして，私たちの人生を豊かにしてくれる。

　これらの陳述的記憶は，脳のどの領域と関係しているかというと，記憶するときは，最初，大脳辺縁系の海馬（トピックス 4–12 の図中）に整理され，やがて，大脳皮質に蓄えられるとされている。このため，海馬が損傷を受けると，古いことは覚えているが新しい陳述的記憶は覚えられないことになる。また，エピソード記憶は感情を伴うため，海馬だけでなく，そのすぐ前に位置する扁桃体も関係するので，より記憶に残るとされている。

C　潜在記憶

　記憶プロセスは典型的な例をあげると，数式や英単語などの記憶であり，意識して式や単語を覚え，それをできるだけ保持していて，必要なときにそれを意識的に思い出そうと頭の中を探索して思い出し，それを利用する。19 世紀末にエビングハウスによって始められて以来，心理学における記憶の科学的研究もこのプロセスに焦点をあててきた。

　しかし，その後，別の研究者が，記憶には無意識的に覚えていたり，また，意識して思い出そうとしないのに，突然，頭に浮かんでくるようなもう一つの別の記憶があるとし，これを無意識的記憶，あるいは潜在的記憶と呼んだ。

　この無意識的記憶は，意識的記憶とは異なるプロセスであるとされ，記憶研究のもう一つの焦点となった。潜在記憶は，珍しいことではなく，実は，日常

トピックス 4-13

水中の方が覚えやすい？

●環境的文脈依存記憶●

　スコットランドの海岸近くにある小島で記憶実験が行われた。実験参加者はスキューバダイビングをして，海中で記憶実験を行った。この奇妙な光景は，記憶の環境的文脈依存性を調べる実験であった。この実験は人の記憶の想起は，それを覚えたときの環境と同じ状況の場合の方が，想起がされやすいという現象を特異な状況で実験して，証明しようとしたのである。実験は，水中と陸上の二つのグループに分けて，各々に単語の暗記を行わせ，その後，水中と陸上で，記憶再生実験を行った。その結果，水中で単語を覚えた人は，水中での再生が陸上で行ったときより良く，逆に，陸上で単語

を覚えた人は，陸上での再生が水中よりも良かった。この結果は，記憶の再生は，記憶したときと同じ環境の方が再生が良くなることが実証され，記憶の環境文脈依存傾向が裏付けられた。この傾向は，このような特異な状況だけでなく，多くの日常的環境の研究でも証明された。暗記した部屋と同じ部屋で再生したり，同じBGMで再生したりなどさまざまな環境で，環境文脈依存記憶の実験が行われており，同一環境の方が，記憶の再生が良好であることが実証されている。学校での試験は，知らない監督官の監視下よりも，いつもの教師のもとで行われた方が，試験の成績がよいという報告もある。

　たしかに，誰でも，小学校に行くと小学生時代のことを思い出し，高校に行くと高校生時代のことを思い出す。このことは，私たちは昔の記憶を完全に失っているわけではないこと，きっかけさえあればかなりのことを思い出せることを示唆している。また，犯罪者も被害者も現場に行くと事件当日のことをより詳細に思い出すといわれる。このように記憶の再生は環境に大きな影響を受けるのである。この記憶法は，環境復元記憶法，あるいは単に復元記憶法とも呼ばれている。

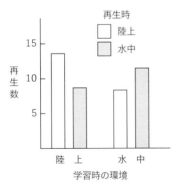

図　水中と陸上の環境的文脈の変化が再生成績に及ぼす影響 (Godden & Baddeley, 1975)

的に起こる。街を歩いていたり，本で読んだりしているとき，急にあることが思い出されるなど，誰もが，経験していることである。

潜在記憶は，プライミング記憶の実験により明らかにされてきている。プライミング記憶とは，先に見聞きした情報が意識しないまま潜在記憶として残り，後の記憶に意図せず影響を与えることを指す。具体例は何年か前に流行った遊びで「ミリン，ミリン，ミリン，……」と10回言わせた直後に「鼻の長い動物は？」と聞くゲームがあったが，その結果が，この潜在記憶をよく示している。答えはもちろん「象」だが，たいていの人は「キリン」と答えてしまう。それは，ミリンという先行する潜在記憶が，無意識的に影響を与えているからである。

また，潜在記憶の心理学実験としては，言葉の穴埋め問題が利用される。この課題は，最初にフルーツの話をし，これを先行する潜在記憶とする。その後，連想穴埋め課題として，□ん□を示し，□に入る言葉を連想させる。すると多くの人は「りんご」と答える。それは，フルーツが潜在記憶として影響しているからと考えられる。もし，先行する話題が，心理学の話だったら，答えは「しんり」となる可能性も高いといえよう。重要なのは潜在記憶は，意識して覚えたものではなく，また，意図的に思い出そうともしていないという点である。

また，前述した手続き記憶も，記憶が意識せず潜在的に保持され，必要なときに再生されることから，潜在記憶の一つともいえよう。久しぶりに泳いでもすぐに泳げるのは手続き記憶の潜在性によるといえる。この潜在記憶研究は，健忘症の症状から研究が展開された。健忘症は，事故や脳外科手術の後の記憶障害の一つで，新しい記憶ができないとされた。しかし，その後，健忘症の人も手続き記憶など潜在記憶の再生は可能なことが分かった。顕在記憶と潜在記憶はかなり異なったメカニズムによることが明らかになってきている。

D　ワーキングメモリ

ある課題についてレポートを書くとき，頭はフル回転しているであろう。これまで蓄積されている知識を駆使し，さらに参考書やインターネットからの新

トピックス 4-14

目撃証言を信用してはいけない

●ロフタスの目撃証言実験●

　裁判において難しいのは事実確認であろう。専門家である検察側，弁護側，裁判官そして裁判員各々が，当該者の証言の信憑性について判断が食い違うことがある。正反対の場合もあろう。一般の人は，証言者は当人が言っているのだから間違いないだろう，と証言を信じてしまうかもしれない。しかし，目撃証言の信憑性を研究している心理学者が証言実験をした結果，驚きの結果が実証されている。この研究は，証言の信憑性には疑いをもった方がよく，注意深く精査しなければ，誤った判断をしてしまうことを警告している。

　たとえば，誘導尋問が問題になることを実験が明らかにしている。証言は，通常，質問に答える形でなされることが多いので，この実験もその形でなされている。この分野の第一人者，ロフタスは，次のような実験を行っている。まず，実験室で参加者に，ある自動車衝突事故について説明した。それから数日して，再

び実験室で，先日話した交通事故について質問し，状況を話してもらった。つまり，証言させた。そのとき，一方のグループの参加者には事故について「2台の車がぶつかったとき」の様子を語るようにと質問した。もう一方のグループの参加者には「2台の車が激突したとき」の様子を語るようにと質問した。証言の際の実験者の質問が「ぶつかったとき」か「激突したとき」かの違いが証言者の状況説明にどう影響するかを比較したのである。その結果，後者の場合，最初に知らせた事故より大きな事故として報告され，なかったはずのガラスの破片もあったとされた。それをイラスト化すると下図のようになる。このことから，質問の仕方により参加者の記憶が歪められたり，ときには作られてしまうことが，明らかにされたのである。これは裁判の証言だけでなく，日常生活の出来事の思い出話でも同じような現象が生じることになることを示唆している。

図　事故の記憶再生の変化

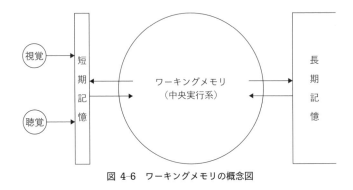

図 4-6　ワーキングメモリの概念図

しい情報を得て，これらをフルに利用して，オリジナルなレポートを書き上げようとする。記憶のこの活動状況を心理学では，ワーキングメモリという（図4-6）。会議などで集中的に議論しているときも，同様で，頭の中の記憶装置はあらゆる情報を集め，うまく処理し，話を進めようと頭がフル回転している状況である。このときワーキングメモリが働いている状態という。

　これまでの記憶研究では記憶は，情報を受け取り，それを保持するという受動的なとらえ方が主流であった。それに対して，このワーキングメモリの研究は，記憶をコンピュータの演算機能になぞらえ，人は，短期記憶の状態において，新旧情報を現在の状況に合わせて，より積極的に取捨選択し，活用しようとしている，とした。記憶を新しい角度からとらえ直している研究である。

3◆　記憶の歪み

　記憶の歪みは記銘時の枠組みにより，保持過程で歪曲されることが，トピックス4-7のカーマイケルらの実験により実証されている。また，記憶は再生の仕方によっても大きく歪められて，思い出されることが，ロフタスの目撃証言についての記憶実験で明らかにされている。記憶の再生は単に記憶されていたものが機械的に思い出されるのではなく，保持過程で歪曲され，さらに再生時の状況において歪められることが明らかにされたのである。記憶の保持，再

生には，多くの要因が関与し，その内容は元々の事実とはかなり異なることも多いのである。このような歪みはトピックス 4–14 に示してあるような，目撃証言のときだけではなく，日常の生活における記憶の再生のときにも頻繁に生じていることといえよう。また，子どもの頃の出来事を思い出すときも，自分に都合がいいようにその内容をかなり歪曲して思い出すことも実証されている。思い出話は楽しいが，自作自演していることもある。若い頃の武勇伝は，自分が話すときも相手の話を聞くときも，その点には留意する必要があろう。

第5章　性格と知能の心理

1◆ 性格の心理

　一般の人の心理学への関心は性格への興味が，特に大きい。あの人は，性格がよいとか悪いとか，自己チューだとか，性格が合うとか，合わないとか，世間話の中の人間評価は，とかく性格が話題となる。人には人それぞれの個性があり，それが独自の性格をつくっていて，その性格が自分らしさであり，その人らしさである。その性格が互いの人間関係に，よくも悪くも大きな影響を与えている。本章では，性格について心理学的知見を見ていく。

　心理学では，性格とは，その人のもつ一貫した心理傾向や行動傾向を指す。たとえば，ちょっとしたことでもすぐに心配になる不安傾向の高い性格の人がいれば，多少のことでは，びくともしないで，強気の挑戦的な性格の人もいる。また，ねばり強い性格の人はどんな場面でも，我慢強く，あきらめない。そんな人もいれば，少しのつまずきで，すぐにあきらめて落ち込んでしまう弱気の性格の人もいる。人がもっているこのような比較的永続的な心理的傾向や行動傾向を性格という。このため，人の性格を知っていると，人間関係において，相手の人の考えていることや行動を予測することができる。それを考慮すれば人間関係は安定し，うまくいく。性格を知ることは，対人関係上，非常に好都合である。また，このことは，自分にもいえる。自分の性格を知っていると，自分の行動を理解することができ，いろいろな状況に対して，より適した行動をとることができる。

　人の性格分類については，すでに古代ローマの哲学者も関心をもち，人のもつ体液による性格分類などが行われていた。近代心理学でも，人の性格について，いろいろな角度からのアプローチがなされ，多くの理論が提唱されている。

　さて，この性格の心理学的研究には，大きく分けて，次の三つのアプローチがある。順次見ていく。

◆**性格についての三つの心理学的アプローチ**◆
　⑴　欲求論的アプローチ
　⑵　性格特性論的アプローチ
　⑶　類型論的アプローチ

1　欲求論的アプローチ

　人は第3章で見たように，さまざまな欲求をもっているが，その欲求の強さは，一人ひとり違っていて，さまざまである。性格の欲求論的アプローチは，人それぞれがもつ欲求の種類の違い，また，その強さの違いが，その人の性格を形成するという考え方である。達成欲求の強い人は，成就型の性格であり，やる気の強い性格といえる。親和欲求の強い人は関係志向型の性格で，人のよい性格であるということになる。この性格の欲求論的アプローチについてはすでに第3章で説明したが，マァレーの欲求–圧力仮説によるパーソナリティ理論が代表的考えである。そこでは，人のもつ諸欲求のうち，その人のどの欲求が，どの程度の強さを持っているかと，そのときの環境の圧力の状況の強さが，その人の性格を形成するという考え方である。そのため，その人の行

図 5-1　深層の欲求を知る絵画統覚検査法〈TAT〉のサンプル

動を観察し，面接で調査し，また，性格検査で深層の欲求を検査し，その人の
パーソナリティを知ることになる。その方法として，マァレーは TAT（絵画統
覚検査法，図5-1）を開発している。また，第6章で後述するが，フロイトの性
格形成論も本能的欲求のリビドーをもとに形成されるとしていることから，性
格の欲求論的アプローチの一つといえよう。

２ 性格特性論的アプローチ

　現代の心理学で最も主流の性格論は性格特性論的アプローチである。日常的
な会話で，ある人の性格を表現するとき，「あの人は責任感が強い人だ」とか，
「あの人は楽観的な人ね」などと，その人の性格特徴をあげることが多い。そ
れが，性格特性論の視点である。性格特性論では，人は比較的安定した心理
的・行動的パターンをもっていて，その性格特徴をもっている場合，現実に対
応したとき，状況がいろいろと変わっても，ほぼ同じ特徴的傾向を一貫して見
せると考える。この性格特徴を，その人がもつ性格特性と呼んでいる。責任感
が強い性格特性の人は他の人なら投げ出してしまうような困難な場面に直面し
たときも，会社や学校のためと，頑張ってやり続ける人である。将来のことを
考えるとき，たいていのことはうまくいく，何とかなる，将来を悲観的には見
ないで，いずれ幸運になれると思っている人は楽観的な性格特性の人というこ
とになる。これらの性格の人は，ある特定のことに責任感が強いとか，楽観的
であるというのではなく，多くのさまざまな場面で責任感が強く，あるいはま
た，いつも楽観的であるというような個人的特性をもっているのである。この
ように，ある人は，責任感が強い人，あるいは，楽観的な性格の人であると考
えるのが，特性論的アプローチである。この性格特性論においては各個人の性
格特性を知る具体的方法として，各人が，さまざまな性格特性をどれほど強く
もっているか，を質問紙調査法などで測定して，その値により，その人の性格
を特定し，その後の行動を観察していくことになる。

　ただし，各々の性格特性論は，性格特性について，その数やその内容は，研
究者各々の理論により大きく異なり，最近まで，統一されなかった。研究史的

トピックス 5-1

古代ローマの性格論との統合

●アイゼンクの性格特性論●

　アイゼンクは質問紙法により，多くの性格特性を含んだ性格検査を行い，そのデータを心理学で因子を発見するのによく用いられる因子分析という統計手法により解析し，性格の基本は3因子であるとした。さらにこの特性論をもとに，古代ローマの体液性格類型論と性格特性論の統合を目指した。その分類によると，性格特性は，以下の三つの基本的性格特性にまとまるとしている。

（1）内向性−外向性

　外向性の特徴は，社交的で活動的，冒険心に富み，変化を好む，積極的に外に出ていこうとする傾向である。他方，内向性の特徴は，静かで，思考的，人と接することを好まず，孤立を愛する傾向もある。

（2）情緒性−安定性

　情緒性の特徴は，感情的で興奮しやすいこと，心配性で落ち着きがない傾向である。他方，安定性は，冷静で，リラックスしており，いつも平常心で情緒的に安定している傾向である。

（3）神経質性

　神経質性の特徴には，過度に神経質であることと，残虐性，敵対的などの反社会性的傾向をもつこともある。

　アイゼンクは，この三つの基本的性格特性の強度によって，すべての人の性格を表すことができるとしている。そのうちの中心となるのは内向性・外向性と，情緒性・安定性の2次元で，下図のようになる。たとえば，内向的で安定性のある人は，自制的で落ち着きがある性格だとされ，外向的で情緒性のある人は，積極性があるが，攻撃的で移り気な性格だとされる。

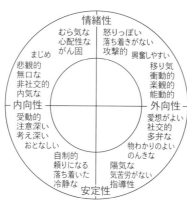

図　アイゼンクの性格特性（この図は2因子による説明）

に見ると，特性論的アプローチの初期，オールポートが，辞書から膨大な数の性格用語を拾い出し，性格構成要素として整理している。その後，心理統計法の発展により，性格を構成する因子を発見できる因子分析法が開発され，多くの研究者が基本となるいくつかの性格因子を見出している。そして，最近では，それらの研究成果を整理，統合するメタ研究の動きが活発になり，後に説明する5性格因子（ビッグファイブ）に収れんされつつあるといえる。さらに，近年の脳生理学や遺伝行動学，進化心理学などの急速な発展は，5性格因子を支持する研究成果をあげつつある。

　ここでは，性格特性論の代表的研究として，トピックスでアイゼンクの性格3特性論（トピックス5-1）とキャッテルの16PF性格特性論（トピックス5-2）を説明し，本文では，上述した5性格因子論について見ていくことにする。

A　ビッグファイブ理論

　最近の性格心理学で最も有力な特性論は，何人かの心理学者により提唱されているビッグファイブ性格論である。代表的研究としては，マックレーとコスタやゴールドバーグによるものがあげられる。この理論は，性格特性の多くの研究結果を統合的に検討したメタ分析から，完全に確定はできないが，人の性格は五つの基本的特性によって構成されるのではないか，としている。その五つの性格特性は研究者により若干異なっているが，代表例としてあげれば，外向性，神経質性，誠実性，協調性，好奇性の5性格特性で，これをビッグファイブ性格因子と呼んでいる（トピックス5-3）。マックレーとコスタは，彼らのビッグファイブ研究をもとにNEO性格調査票という性格検査を作成しているが，NEOとは，神経質性，外向性，開放性のイニシャルである。次に5性格因子について説明していくが，その前に，ビッグファイブ上の自分の性格を知るためにここでトピックス5-3に進んでほしい。

◆ビッグファイブ性格因子◆

(1)　外向性　　(2)　神経質性　　(3)　誠実性

(4)　協調性　　(5)　好奇性

トピックス 5-2

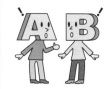

人の特徴を表す 16 の性格特性

●キャッテルの 16PF 理論●

キャッテルは性格特性の 16PF 理論を提唱している。PF とは，パーソナリティ・ファクターズのイニシャルで，性格因子のことである。キャッテルは，アイゼンク同様，因子分析という統計的手法を用いて，たくさんの性格特性の中から，性格形成の根源となるような性格特性を見出す研究をした。その結果，アイゼンクは 3 因子としたが，キャッテル は 16 因子であるとし，その 16 個をパーソナリティ・ファクター（性格の根源因子）とした。そして，その根源因子のどの特性が強いかと，全体でどんなパターンを形成しているかが，その人の性格を形作るとした。その 16 性格特性は，以下のとおりで，16 因子のそれぞれが A，B の両極に示される対称的性格特性である。これによる自己分析も可能である。

キャッテルの 16 の性格特性

A	B
①打ち解けない（統合失調性）	打ち解ける（情緒性）
②知的に低い（低い知性）	知的に高い（高い知性）
③情緒不安定（低い自我性）	情緒安定（高い自我性）
④控え目な（従順性）	独断的な（支配性）
⑤慎重な（感情沈着性）	楽観的な（感情高揚性）
⑥無責任な（弱い超自我性）	責任感の強い（強い超自我性）
⑦内気な（過敏性）	大胆な（対抗性）
⑧精神的に強い（忍耐性）	精神的に弱い（情緒過敏性）
⑨信じやすい（信頼性）	疑い深い（懐疑性）
⑩現実的（現実性）	空想的（自閉性）
⑪率直な（率直性）	如才ない（巧妙性）
⑫自信あり（充足性）	自信ない（自信欠乏性）
⑬保守的（保守性）	革新的（急進性）
⑭集団的（集団依存性）	個人的（自己充足性）
⑮放縦的（低い統合性）	自律的（高い統合性）
⑯リラックス（低い緊張性）	硬くなる（高い緊張性）

⑴　外向性性格

5 因子性格論の 1 番目の性格因子は，外向性である。外向性が強い性格の人の特徴は，社交的で活動的である。話し好きで，人と一緒にいたり，一緒に外出をするのが好きな性格である。積極的に人間関係をつくろうとする，明るく楽天的な性格である。

快楽を積極的に求め，リスクがあっても，それから得られるポジティブな感情，つまり，快感情を得ることを優先させる。社会的な成功や高い地位を求め，金銭的成功も求める傾向が強い。また，恋愛においても情熱的に快感情を求める傾向が強い性格といえよう。

これらの快感情や報酬追求の強い衝動性傾向は，最近では，脳の神経伝達物質のドーパミンとの関連性が研究されてきている（第2章参照）。

外向性性格因子は，人に対しても，社会に対しても，物に対しても，自らの快を求めて積極的であるが，また，衝動的でもある。このため，その傾向が，いつでもよい成果をあげるとは限らない。衝動性が強いため，快を求めてかなりのリスクをとるので，失敗も少なくなく，地位を失ったり，財産を失ったりなどする場合もある。社交性が強すぎて，人間関係がうまくいかないこともある。恋多く，失恋や不倫，離婚などを繰り返すこともある。

反対に，外向性が弱い人の場合，一人で静かに家にいる方を好む内向的な性格といえる。人間関係には消極的である。もちろん，快感情も求めるがリスクがある場合，回避的になる。このため，大きなリスクを負うことはしない。平穏な生活を送り，本人も，それに不満ではなく，不快でもない。むしろ，静かな生活を楽しむ性格である。社会的に大活躍することは少ないが，その冷静さが好まれることもある。また，冷静さゆえ，成功することもある。

⑵　神経質性性格

5 因子性格論の 2 番目の因子は，唯一ネガティブな性格因子で，神経質性である。神経質性の性格特徴は，心配性である。この性格の強い人は，あらゆることをネガティブにとらえ，不安になり，心が落ち着かない。傷つきやすく，落ち込みやすい。悲しみや嫉妬などのネガティブな感情をもちやすい性格であ

トピックス 5-3

ビッグファイブの自己分析

●ビッグファイブ性格論●

　ここで，まず，ビッグファイブの 5 因子について概略をつかむために各自が，次の質問に答えることから始めてみよう。答え方は，次の 5 項目について，自分が，その通りかどうか考えて，その通りの場合，○を，そうであるかどうか分からない場合を△，そんなことない場合×を，項目の後の□の中に記入する。

　あくまでも簡便な試案であるが，○が記入された項目が本文に説明しているような 5 因子理論の各々の性格特性をもつといえる。二つに○がついた場合，複数の性格特性をもっていると考えてよい。×が記入された項目はその性格特性がかなり弱いか，まったくもっていないことを表している。△はどちらともいえないことを示している。各性格の特性について本文で詳しく説明している。

---

(1)　外出が好きで，人に会うのも好きである　　　　□
(2)　心配事が多く，将来が不安である　　　　□
(3)　何事も真面目に，誠実に，コツコツやることが好きである　　　　□
(4)　人と一緒に活動したり，人を助けたりするのが好きである　　　　□
(5)　アイデアに富んだ奇抜な発想をするのが好きである　　　　□

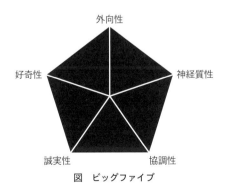

図　ビッグファイブ

る。このため，この性格因子を情緒不安定性格因子と呼んでいる研究者もいる。この神経質的性格の強い人はストレスに弱い。ちょっとした物音にもビクビクし，大きな音には恐怖におののいてしまう。

　感情面でいうと，マイナスの感情や情緒に敏感で，悲しみ，恐怖心，不安感，屈辱感，羞恥心，罪悪感などを感じやすく，ウツになりやすいともいわれている。自分に自信がなく，恨みや嫉妬を多く抱えてしまう。思い出すこともネガティブな出来事が多く，自分への評価もマイナスである。そんな気弱な性格は社会的には評価されないかもしれないが，実は，有利な点もある。この一見マイナスの性格をなぜ人類は，進化上もち続けたのかと考えると分かってくる。原始時代の人類にとって，サバイバルは大変であった。猛獣に襲われる日々は安穏としていられなかった。そんな状況では心配性の人の方が，危険を素早く察知し，逃げ出し，また，不安の強い人の方が恐怖に素早く対応できるといえる。神経質性性格の人はいわばリスクにいち早く対応し，回避し，石橋を叩いて渡り，自分を守る確実な行動をとる。このタイプの人こそ長期に生き延びることができたということができよう。生理的にホルモンでいえば，ストレスに対してアドレナリンやコルチゾールをいち早く分泌し，危機に対処できた性格といえる。

　逆に，この特性が低い人は，いつも精神的に安定しており，ストレスに対しても冷静に対処できる性格である。しかし，周囲の危機状況にそれほど敏感でないため，危険から逃げそびれる可能性が高いともいえる。またリスクをとるため，苦境に陥ることにもなりやすい。

⑶　誠実性性格

　誠実性性格の特徴は，勤勉性と道徳性である。真面目で，コツコツと仕事や勉強をして，社会の規範を遵守する性格である。周りの人から，良識があり，頼りがいのある性格であると思われる。逆にこの特徴の弱い人は，持続的に仕事ができず，すぐ飽きてしまい，道徳心に欠け，無責任で人に無配慮であり，周りから見ると，頼りにならない性格の人である。

　人の性格を評するとき，日本で最もよく言われる言葉が，"あの人は真面目

トピックス 5-4

人の性格を知るための心理学の方法

●各種性格検査法●

　人の性格を正確に知るために，心理学では，いろいろな種類の心理テストや調査法，検査法が開発されている。ここでは代表的な性格検査法について概略する。

（1）行動観察法

　観察は科学の基本的方法である。行動観察による性格研究は，その人の行動を観察することを基本とする。観察法には，観察者の主体性を重視する自然観察法と，客観性を重視してシステマティックに観察することに重点を置いた組織的観察法とがある。

（2）双生児研究法

　双生児には，遺伝子が同じ，一卵性双生児と兄弟のような二卵性双生児がある。双生児法は，この2種類の双生児の知能や性格を育った環境により比較する方法である。家系の研究者ゴールトン以来古くから用いられている方法で，性格や知能が，遺伝によるものか，環境によるものか，を比較研究する方法である。自然が用意した実験的状況といえる。

（3）面接法

　面接法とは，その人と直接会って，インタビューすることにより性格を知る方法である。観察法が外に表れた行動からの心理の推察であるのに対して，心の内を話をしながら直接聞くことができる。また，この方法は，観察法が一方向なのに対して，対面的で，会話ができる点，相互作用的であるのが特徴である。さらに，話をしているとき動作など非言語的情報が得られ，多面的に性格を理解できる方法である。

（4）質問紙法

　本人の心理や行動に関する質問項目を用意して，それに回答を得る方法で質問紙法あるいは質問紙調査法と呼ばれる。イエス，ノーで答えさせたり，オープン・アンサーで答えさせる方法もあるが，データを比較分析し，解析できるように，回答は，評定尺度法（強度を-3から$+3$で表すなど）が用いられることが多い。得られたデータを統計的に分析することにより数量的に性格を測定できる方法である。データを客観的に処理でき，多変量解析などが適用できるなどの利点がある。質問紙性格検査法として代表的な検査は，YG性格検査法，MMPI性格検査法，モーズレイ性格検査法，EPPS性格検査法，NEO性格検査法などがある。

（5）作業検査法

　ある一定の作業をさせ，その作業結果から性格を知る方法である。よく知られるのは，加算作業（足し算）をさせることにより性格を知るクレペリン検査法である。クレペリンの実験心理学にヒントを得て，日本で開発された検査である。

な人"という特徴であろう。その真面目さが，5因子性格論の3番目のこの誠実性性格因子の特徴である。この因子は，研究者によって，誠実性，良識性，統制性などと名づけられているが，日本人が理解するときは，「真面目さ」といえば，一番分かりやすいといえる。

　この誠実性因子とは，与えられた仕事や自ら計画した勉強を真面目に，忠実に，わき目をふらず，そのことに集中してコツコツとやる性格である。また，事前にしっかり計画を立て，そのプランどおりに行っていこうとする実直な人である。周りからの誘惑があっても，それに引きずられることなく，何事にも抑制的で，衝動的行動をせず，決めた（あるいは決められた）目標に向かって，プランどおりにやり続けるタイプである。誰でもときには誘惑に負けたり，強い衝動が生じるが，それを抑制する強い力を持っているのがこの性格の特徴である。脳科学的には，脳の前頭葉の思考力が関係しているといわれている。

　研究者によっては，この性格特性を良識性と名づけている。それは，この性格の強い人は，高い道徳性をもち，社会的良識に従おうとする傾向が強いからである。社会的規範からの逸脱を心理的にも行動的にも抑制する傾向が強く，非道徳なことや反社会的なことはやろうとしない。このため，社会人・組織人としては高く評価される性格といえる。しかし，反面，人づきあいという点では，受け入れられにくい面をもつ。日常的な会話でも真面目は，ほめ言葉であるが，暗に，真面目すぎて面白くないという皮肉が込められていることも少なくない。つまり，誠実性性格の強い人とは，自制が強く，道徳的に厳しすぎ，はめを外すこともできないため，カタブツとされ，融通がきかないなどとけむたがられかねない性格でもある。

　反対に，この誠実性性格が弱い人は，目先の誘惑や報酬に抗う力が弱く，ギャンブルや麻薬など反社会的行為に走りかねない性格といえよう。しかし，反規範性や反常識性は，見方によっては魅力的で，新しい文化を創造する性格ともいわれている。

⑷　協調性性格

　5因子性格論の4番目の性格因子は協調性である。協調性性格は，他の人へ

トピックス 5-5

困ったときに性格が現れる

●ローゼンツワイクの PF スタディ●

　人は緊急事態におかれたり，トラブルにあったりしたとき，その対応の仕方に，性格がはっきり現れる。

　アメリカの心理学者ローゼンツワイクはこの心理を利用し，フラストレーション場面における反応から，性格分析を行っている。フラストレーション場面では誰もが攻撃的傾向をもつが，その攻撃性を表すか抑えるか，どこに向けるかは人によって異なる。そこで，フラストレーション反応から性格分類ができると考えた。具体的には，フラストレーション場面をイラストで示し，そのときの反応を言葉で書かせ，攻撃性の傾向を知り，そこから性格分類を行っている。この絵画欲求不満検査法は，通称ローゼンツワイクの PF スタディと呼ばれている。PF とはピクチャーフラストレーションのイニシャルである。下図は PF スタディをアレンジしたものである。

　ローゼンツワイクは，このようなフラストレーション状態によって生じた攻撃性を，次の 3 方向と反応の三つの型に分類している。

〔攻撃方向〕
⑴　外罰方向（人やものに攻撃を向ける）
⑵　内罰方向（自分自身に攻撃を向ける）
⑶　無罰方向（欲求不満をごまかし，抑圧する）

〔反応型〕
⑴　障害優位型（障害を強調する）
⑵　自我防衛型（攻撃対象者を強調する）
⑶　要求固執型（不満の解決を強調する）

　下図に，具体的な絵を例示し，攻撃の方向性についてみていく。

　子どもが，オモチャがこわれて困っている。図のように母親が子どもに声をかけた。このとき，この子は何と言うか。

　以下の 3 個の言葉の中から，最もその子が発する言葉に近いものを一つ選べ。

①でも，お母さんがこわしたんじゃないか。
②僕がこわしたので，僕が悪いんです。
③別のもので遊ぶよ。

図　ローゼンツワイクの PF スタディの類似例
（図の回答項目の①，②，③は上記攻撃方向の⑴，⑵，⑶に対応している）

の心配りや気遣いに優れていて，仕事や行動を一緒に協力的に行うことを好み，自分の利益よりも周りの人の利益，個人よりも集団の利益を優先するタイプである。心理的には，人を信用し，人への共感性が高く，人情に厚く，同情的で人の心に寄りそえる人である。また，人への援助を惜しまず，困っている人は積極的に助けようとする。社会心理学でいう向社会性が高い人である。このため，職場や学校など集団行動をする組織からは，他のメンバーとぶつからないタイプで，仲間として好かれ，いわば“求められる性格”といえる。研究者によっては，協調性性格因子は，調和性，受容性，同調性性格とも名づけられている。

　のちに第7章で触れるが，人は，各々が心の中に「心の理論」をもっている。心の理論とは，人の心を推察する能力である。これにより，他の人の心を理解し，それに同情し，共感できるのである。協調性性格の人は，この心の理論が，特に発達していて，共感性が高いといえよう。原始時代，身体の力がさして強くない人類が，集団で狩りをしたり，皆で採集したりして，部族生活をスムーズに行っていけたのは，この協調性性格を進化させ，言葉を発達させ，コミュニケーションをとりやすくしたことによるといえる。これにより，共同作業を円滑にできたといえよう。

　他方，この協調性性格が弱い人は，協力精神を欠くため，周りの人への配慮がなく，冷淡なうえ，我が強く，周りの雰囲気に気づかない人といえる。人を信用せず，よく周りとぶつかり，また，ぶつかっても物怖じしない折れない強いタイプともいえる。このため，社会や集団が平穏のときは，あまり歓迎されない人である。しかし，社会や集団が危機的状況など変動期においては協調的な人ばかりだと皆どうしていいか分からなくなる事態に陥る。そんなとき，集団に迎合などせず，自己主張する非協調性の人が，他の人々をリードして事態を革新的に変えていくことがある。協調的性格の弱い人こそが，そういう激動期あるいは低迷期の改革者になりうるのである。

⑸　好奇性性格

　5因子性格因子の5番目の性格因子は，好奇心の旺盛さを表す性格因子であ

トピックス 5-6

この絵, 何に見える？

●ロールシャッハ・テストとテストへの疑問●

深層心理に潜む性格を調べる投映法の心理検査法として最も有名なのがスイスの心理学者ロールシャッハによって開発されたロールシャッハ・テストである。このテストは図のようなインクでつくった"シミ"を見て, それが何に見えるかを口頭で答えさせるテストである。"シミ"の絵はモノクロのものや, 色彩がついているものがある。下図は本物ではなく, 似せて作成したものである。

ロールシャッハ・テストはこのようなあいまいで, 意味がとりにくい絵をどう見るか, どうとらえるかに, その人の個人的認知体制や性格や不安が反映されるとしている。その答えと関連インタビューからその人のベースになっている深層心理が理解できることになる。

答えは, 主に何を見たかという内容分析, 絵のどこを見たかという反応領域, それから, どんな点からそう見たかという反応決定因を分析する。

たとえば, この図で「全体が, 反目し合っている 2 人に見える」と答えれば, 全体の形態反応であり, 内容は人を見ていると判定する。「真ん中の白い部分が羊の顔に見える」と答えた場合部分反応で, 動物を見ている, と判定される。ロールシャッハ・テストはこのような回答から, その人の性格や不安を判断していくのである。たとえば, ロールシャッハ・テストでは運動と色彩を比較して, 運動を多く見る人は, 創造的で内面的で情緒が安定しているとしている。一方, 色彩を多く見る人は外面的で適応力があり, 情緒豊かであるとされている。

ロールシャッハ・テストは, このような分析に基づいて深層の心理を理解していく方法である。これまで, 多くの学者によって, 解釈法や診断法が提唱されている。しかし, 統計的処理をすると, 統一性や客観性が見られず, 科学的心理テストとしては信憑性に疑問ももたれている。

図　ロールシャッハ・テストの類似図

る。この好奇性性格はさまざまなことに心を開いている性格であるといわれている。ただ，この因子については，他の4因子と比べると研究者間で統一性が弱く，ビッグファイブの5因子目の命名はばらついている。英語だとopenness が使用されていることが多いので，開放性因子と訳す研究者もいる。他にも，知的好奇心，知的関心性，遊戯性，文化性などの性格因子とされている。その特質は，何に対しても好奇心が強く，すべてに心を開いている性格であるとされる。特に，文化性と名づけている研究者もいるように，アーティスティックな美的感覚に優れていて，常識にとらわれない，多少奇異とも思える創造性や豊かな想像力をもっている，いわば，芸術家的な性格である。自由な時間にダラダラとしているのではなく，創造的な芸術的文化的活動に集中しているタイプの人のことである。

　以上が5因子性格論の概要であるが，この5因子をもとに，周りの人を見てみると，性格論への理解を深めることができよう。

　ところで心理学の性格論は，ここまで，見てきたように，人は各々特有の性格があり，一貫した行動傾向を示すという考えに基づいて理論を進めている。しかし，心理学者の中には，人の行動は，性格によって決まるのではなく，そのとき，そのときの状況によって決まるということを主張しているミッシェルのような状況論者もいる。その考えは，人の行動は，状況や対人関係によって決まるのであり，一貫した性格傾向があるわけではないとして性格論自体に疑問を投げかけて，極端にいえば「性格はない」と主張している。また，他にも，実際の社会的場面では，人の性格とその時の状況により，具体的な行動が決まってくるという，人-状況論を唱える研究者もいる。

3 類型論的アプローチ

　類型論は，提唱者の理論に基づき，性格を2〜4の少ない数の類型に分類しているアプローチである。そして，その類型に分類された人は，その類型の性格特徴全般をもつとする考え方である。このため，対象者が類型の一つに当てはまると，その人の性格全体を知ることができることになる。世間の人々が心

トピックス 5-7

木を描くと自分が分かる

●コッホのバウム・テスト●

　このテストは，被検査者に白紙を渡し，「実のなる木を1本描いてください」と指示する。指示された人はどんな木を描くのだろうか。試してみてほしい。

　これがバウム・テストの教示である。

　バウムとはドイツ語で木を意味する。バウム・テストは，描かれた木からその人の性格を知る性格投映法の一つである。この方法を開発したコッホは，人が1本の木を描こうとすると，その木の絵に，描いている人の心理が投映される，と考えた。このため，描かれた木からその人の性格を知ることができる。

　木の心理的解釈について，バウム・テスト法による簡単な説明をする。

　まず，木の大きさを見る。画面いっぱいに大きな木を描いた人は，自己拡大傾向の強い人で，積極的な人であるが，自己主張が強い。小さな木を描いた人は，自己縮小傾向の人で，引っ込み思案で，劣等感や不安があるかもしれない。

　次に，木の幹を見る。幹は木の中心なので，個人の心理的エネルギーが投映される。細い幹や1本の線で描かれた幹は，描いている人の無力感や自信のなさが投映されている。

　木の枝は，外の世界との関わりを投映している。枝が幹とつり合いがとれ，広くよく伸びているのは，他の人や環境との関係がよく，また，関係を積極的に進めていこうとする傾向の表れで，感受性も高いといえる。

　葉の茂った部分は，現在の自分への評価を投映するとされる。大きな樹冠は，目標の大きさを意味するが，あまりに大きな樹冠は，大望やうぬぼれをもっているといえる。

　葉の一枚一枚や花を描いた人は，外面を気にしている気持ちが投映されているといえる。自分を飾りたいという欲求，あるいは認めてもらいたいという欲求が強い。実を描いた人は確実に結果をものにしたいという欲求の強い人といえる。

　このような絵画投映法は，人の深層心理を知ることができるということで，関心が高く興味をもたれる。しかし，客観性や信憑性には疑問も呈されている。

図　バウム・テストの一例

理学に求めている性格論は，このような分かりやすい性格類型論であろう。古代から，哲学者，近代の心理学者，精神科医たちが，さまざまな類型論を提唱してきた。その中には有名な類型論も人気の類型論もいくつもあった。ただし，ほとんどの類型論は，その後，近年の心理学者が追試や詳細なデータ分析を行った結果，理論が実証されないので，その信憑性が疑われている。

　性格類型論は，古くは古代，ローマ時代にまでさかのぼる。ガレノスは，人は4種類の体液からなっているとして，そのバランスにより，4種類の性格が生み出されるとした。体液と性格との関係は，多血質の人は社交的，粘液質の人は内気・理性的，胆汁質の人は情熱的，黒胆汁質は憂鬱傾向が強いとされた。現在ではこの体液気質説は否定されているが，血の気の多い人は活発であるなどもっともらしいところがあり，アイゼンクの性格特性論にも言及が見られている。

　類型論として心理学において最も有名なのが精神科医のクレッチマーの体格による3類型であろう。現在では，実証的研究により，批判されているが，以前は，代表的体質体型性格類型論とされていた。

　ドイツの精神科医のクレッチマーは精神病の治療を通して，病気の種類により患者の体格が異なることを知り，体格と精神的疾患が深く関係していると考えた。そして，さらにその関係は，人のもつ体型と気質に基づくとし，正常な人の体格と性格の間にも同様の関係があると考えて体型気質性格論を提唱し注目された。その内容は体格が細長体型の人は内閉性性格で，内の世界に閉じこもりがちで非社交的で，非情な感じである。体格が肥満型の人は，循環性性格で，社交的で，感情的に起伏が激しい。体格が筋肉型の人は，粘着性性格で，ガンコで根気強く，真面目な性格であるとした。ただし，現在では詳細な分析により，反論がなされ，性格を体質で分けるクレッチマーのこの分類法は評価されていない。最近では，精神疾患の研究からも，クレッチマーの分類法にはかなりの疑問が投げかけられている。

トピックス 5-8

最近の日本人は全員がウツ？

●ウツの症状●

「ウツだ」という人がいる。ウツは，憂鬱の鬱である。ウツ状態とは，気分がすぐれず，やる気もなく，昼はだるいのに夜は眠れない。生きることに価値などないと考えながら，自分が悪いと思い込む，悲しい気分でいっぱいになり，死んだ方がまし，死んでしまおうかと思う。食欲はなく，不安でいっぱいになる。

上記の症状の一つや二つは，ときに誰も感じることがあろう。世の中は意に沿わないことが少なくない。テストの成績が悪かったり，家族や恋人とうまくいかなかったり，会社の残業が続き疲れ果てたりなどしたら，こんな気分になるのであろう。

では，そう感じたら皆ウツ病なのだろうか。そんなことはない。

景気が悪く，先の見えない高齢化の日本社会，憂鬱にならない人の方がおかしいとさえいわれている。識者の中には，日本人は皆ウツ病だと言う人さえいるくらいである。

しかし，上記のような症状が出ても，それが 2 週間も 3 週間も続く人はそう多くないはずである。気を取り戻し元気になったり，ぐっすり寝て体力を回復したり，友人と飲みに行ったりカラオケで歌ったりして，リフレッシュして，元気を取り戻し，生活や仕事に積極的になる。それが，普通の人である。ただ，な

かには回復しない人がいる。ウツと診断されるのは，このようなひどい症状が 2，3 週間，あるいはそれ以上，ずっと続く場合である。この場合は，何らかの対処が必要となる。

ウツ病はかつては，クレッチマーの精神病の分類で，躁ウツ病に分類された。それは，生来的に原因があり，内因性とされ，治療が難しい病気とされていた。このため，当時は人は気軽に「自分はウツだ」とは言わなかった。しかし現在では，脳科学の発達，薬学の進歩，心理療法の発展などにより，治癒する病として，多くのクリニックやカウンセリングにより治療や相談が行われている。

ウツの原因は，神経伝達物質のセロトニンやアドレナリン，ドーパミンの不足による脳の病気とされ，それを促進する薬物が開発されてきた。これらを服用することにより，脳が活性化され，やる気が出て，ウツから脱出できる人が多くなった。ただ，ウツ病は単に脳内物質の不足だけが原因ではなく，ストレスなど心理的な原因も大きい。これらの問題を解決しないと，再発し続けることになりかねない。ウツの心理的問題を解決するための心理療法も，認知行動療法などの発展により，対処法がより具体的になり，これらもウツの治癒に役立っている。

2◆　知能の心理

　人には，まったく同じ性格の人はいない。世界の約8億の人が，各々，独自の性格をもっている。性格心理学は，その個人の違いを研究する個人差心理学（差異心理学）の主要な分野である。それと並んで，個人差に注目している差異心理学のもう一つの主要な分野がある。それが知能心理学である。人は，それぞれ，異なった知的能力をもっている。その個人差に注目しているのが，知能（知的能力）心理学である。

　人間は，知的動物（ホモ・サピエンス，賢い人）と称されるように動物界の中で知的能力が極めて優れている。その卓越した知的能力によって，人類は，猛獣に立ち向かい，狩猟採集の生活を工夫し，集団を形成し，原始的時代をサバイバルして現代の発展を遂げている。特には強靭な身体をもたないにもかかわらず，数百万年進化して，今日のような繁栄した文明社会を築いてきた。その原動力は，発達させてきた脳，特に大脳の巨大化による知的能力の進化によるものといえよう。このため，人類の知的能力の研究は極めて重要な心理学の領域である。

　心理学で扱う知的能力は，物事を論理的に考える力，抽象化して考える力，問題を解決する力，言語能力，計算能力などの総合的知的活動の能力を「知能」として研究している。この知的能力には個人差がある。知能の高い人と高くない人がいる。人を評価するとき，あの人は頭がいいとか悪いとかが一つの基準となり，それは日常会話でも多く話題とされる。そして，学業や社会で成功した人を評価するとき，その人の知能の高さの表れと評価することが多い。

　知能心理学は，人間全体としての知的機能よりも，知的能力の個人差の方に，より注目してきた。このため，知能心理学では，早くから特定のテストを作成し，そのテストにより，個々人の知的能力のレベルを正確に測定し，点数化する方法が開発されてきた。それが知能検査（図5-2）であり，そこで得られる点数が知能指数のIQ（Intelligence Quotient）である。知能検査は，20世紀

トピックス 5−9

優れた曲がつくれるのは音楽的知能が高い！

●ガードナーの多重知能説●

　ガードナーは，人間の知能は IQ など
に単一化されるものではないとし，知能
を広くとらえた多重知能（MI）説を提唱
している。この説では，知能とは問題解
決したり，その文化で価値あるものをつ
くり出す能力である，としている。それ
らを成し遂げるには，いろんな側面の知
能があり，人それぞれ，異なった知的能
力をもって対応しているとした。それが
知能の多重理論である。もちろん数学の
難問が簡単に解ける人は知能が高いとさ
れるが，知能はそれだけでなく，すばら
しい曲が書ける音楽的知能が優れている
人もまた，芸術的知能が高いとしてい
る。また，並はずれた運動神経をもった
スポーツ選手も，運動知能が高いとし
た。では，どんな知能があるか，という
と，ガードナーは，人には基本的に八つ
の知能があり，人により，各々，優れて
いる知能が異なり，その力により，社会
で，優れた問題解決をし，活躍している
とした。その八つの知能とは，次のとお
りである。

⑴　言語的知能（話し，聞き，文章を書
　　く能力）
⑵　論理数学的知能（物事を論理的に考
　　え，数的処理ができる能力）
⑶　音楽的知能（音感に優れ，曲をつく
　　り歌う能力）
⑷　身体運動的知能（スポーツなど運動
　　神経に優れている能力）

⑸　空間的知能（絵画に優れ空間把握が
　　優れている能力）
⑹　対人的知能（交渉力に優れ人間関係
　　をうまく処理できる能力）
⑺　内省的知能（自己の精神活動を理解
　　できる能力）
⑻　博物学的知能（物事を広く知り，分
　　類することに優れている能力）

　ガードナーは，この多重知能理論を教
育現場に応用し，これまでのような画一
的な知育ではなく一人ひとりの個性を伸
ばし，また補うことで人間の可能性を拡
大していくことができるとしている。こ
うした知能の広い考え方は，アメリカで
評価され，これらの知能を子どもの才能
としてとらえ，それを伸ばそうとしてい
る。ただ，多重知能理論は心理学的には
実証性に欠けているとの批判がある。

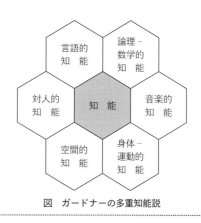

図　ガードナーの多重知能説

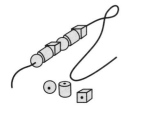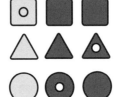

図 5-2　知能検査の道具の一例

はじめ，フランスで初めて小学校の義務教育が施行された際，就学時の児童の知的能力の程度をチェックする必要から開発された。これが，知能検査のはじまりである。開発者ビネーの名をつけてビネー式知能検査といわれている。さらに，この検査を用いた結果が知能指数（IQ）として表され，学校教育の普及とともに，知能検査や IQ の考え方が社会に広まっていった。その後，ウェクスラーにより成人式知能検査も開発された。IQ の値は，当初はその児童の実年齢と検査で得られた精神年齢の比較により算出されていた。その後，同一年齢内のテスト結果の相対的比較により，偏差値により表されるようになった。これらはいずれも個人式の知能検査であったが，アメリカでは，第 1 次世界大戦の軍隊の徴兵の際，新兵の知的能力をチェックするために，集団式知能検査が開発された。知能検査は日本の学校教育にも普及し，従前は，多く利用されていた。しかし，現在ではかつてほど利用されてはいない。

　さて，研究面では，知能の構造的研究が，統計手法の因子分析を用いた因子論（知能の構成要素論）によって展開されている。その中で，最も議論されてきたのは，世間でいう "頭のよい人" はいるのか，という問題である。トータルの頭のよさを表す一般知能因子（g 因子）が存在するのかどうかというテーマである（図 5-3）。スピアマンに代表される g 因子は存在するという考えでは，たとえば，g 因子が高い人は，数学だけでなく，国語も理科も社会もよい成績をとることができるという。一方，g 因子は存在しないという考えでは，数学は数学の知的能力，国語は国語の知的能力とそれぞれ，独自の能力があるとしている。知能検査の研究の流れは，g 因子は存在するという考えに基づく研究が多く，実証研究も多くなされている。一方で，トピックス 5-9 に示すように，

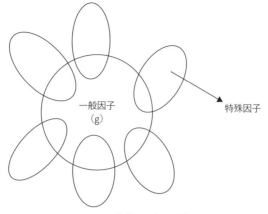

一般因子
(g)

特殊因子

図 5-3　知能の一般因子説

従来の知能という概念を越えたガードナーのような多重知能の研究も社会的な評価を得てきている。

　さて，知能研究が進められていくなかで，知能には，流動性知能と結晶性知能の二つの構成要素があることが，明らかにされた。流動性知能とは，新しい問題を解くときの思考力や創造力などの知能であり，結晶性知能とは，頭の中に蓄積されている知識や情報を利用できる言語能力や理解力，批判する能力などのことを指す。発達的に見ると，流動性知能は，若いときにピークがあり，それ以降は下がっていくが，他方，結晶性知能は，加齢によっては下がらず，むしろ上がっていく場合もあるといわれている。

　知能研究で，誰もが注目するテーマは，知能能力つまり，頭のよさは遺伝的に決定されているか環境によって決まるのかという議論であろう。このテーマは古くから議論されているが，決着は，今でもついていない。そして，時代により，大きく一方に偏り，また戻されるなど，紆余曲折を経ている。生まれたときは白紙で，その後の育て方でどんな色にも染まるという環境説，それに対してどんな環境に育っても頭のよさは変わらないという遺伝説がある。さらには，遺伝と環境の両方が重要で，その関わりを重視する相互作用説なども議論されている。遺伝説の実証としてよく用いられているのが，双生児研究法のデータである。双生児には，遺伝子がまったく同一の一卵性双生児と，兄弟の

ような異なった遺伝子の二卵性双生児とが存在する。この両者の IQ を比較することにより遺伝と環境の影響を知ることができる。比較すると，同一家族で育った双生児のうち，一卵性の方は，IQ が極めて類似していたが，二卵性の方は，それほどではなかった。この違いは，環境が同一にもかかわらず生じることから，遺伝的要素が大きいことを示す結果とされた。また，一卵性双生児の 2 人が各々別の家庭で育てられた場合のデータも集められ，家庭環境が異なっても IQ はかなり類似していることも明らかになった。これらのデータから遺伝説では，知能は 7 割以上が遺伝で決まると提唱している。

遺伝を重視するこのような行動遺伝学の知能遺伝説が近年，優勢である。それに対して，環境説は，生育環境について双生児研究上異なった家庭とされていても，それらが親戚など同質の家庭環境であったため，環境の影響が大きく，遺伝要因は半分以下ではないか，と反論している。また，最近では，先進国のみならず発展途上国も含め世界的に IQ が上がってきており，グローバルな環境の変化が知的能力を上げているとの主張もある。

さて，近年は，IQ そのものへの批判も少なくない。たとえば，知能検査で測っているのは知的能力の中の一面であり，創造性や芸術的能力，また，社会性など人生で大切なものが測られていないとの指摘である。また，知能検査は，練習効果があり，練習すると生来，固有とされる IQ を上げることができてしまうという疑義もある。また，IQ は普遍的とされているが，知能検査の問題は，その文化のマジョリティの点数が高くなるような設問が多く，マイノリティの人が不利となり，社会的な差別を助長してしまうなどの指摘もある。

また，これまでの知能の考えでは，知的能力は，IQ ひとつで代表され，それが，特定の知能検査で測られ，数値化されてきたことへの批判もある。20 世紀の終わりには，知能はより多面的であるという考えが，ガードナーやスタインバーグにより提唱されている。

ガードナーは，トピックス 5-9 に示すように知能を広くとらえた多重知能（MI）説を提唱している。この説では，人間の知能は単一化されるものではないとし，知能とは問題解決したり，その文化で価値あるものをつくり出す能力

トピックス 5-10

EQ：感情をコントロールすることができる知的能力

●ゴールマンの心の知能指数●

知能指数（IQ）は頭のよさを表し，学業成績などに反映されるとされる。知的能力は，人を評価するとき，頭のいい人，きれる人と高く評価される。が，反面，日本では，頭のいい人は，人間味がない，とか，頭が切れる人は，情がない，など，人間全体を評価するときには人情味の少なさがマイナスに評価されることもある。

このような指摘は日本だけでない。欧米でも知的能力の研究が進められる一方で，感情的能力の重要性が研究されてきた。古くは，ソーンダイクが，人とつき合う能力を社会的知性として取り上げている。その後，多重知能論を唱えたガードナーも，その中に，社会的知能を含めている。このように，知能指数（IQ）が学業的知能に偏っていることへの批判は，いくつか見られていた。社会的にも，頭がいいだけでは社会では成功できないという IQ 神話への批判が見られてきた。それを社会に広く普及させたのがゴールマンの『EQ——こころの知能指数』の出版であった。EQ は，IQ と異なり，相手の人の感情を読み解いたり，自分の感情をコントロールする能力，人に共感でき，人とうまくやっていける能力などトータルの感情的認知能力を指している。ゴールマンは社会での成功は，IQ2 割，残り 8 割は EQ により決まるとし，EQ の具体的な 5 領域を示した。

その 5 領域とは，次のとおりである。
(1) 自分自身の感情を認識する能力
(2) 自分の感情をコントロールする能力
(3) 自分が好きなことに夢中になれる能力
(4) 人の感情を認識し，共感できる能力
(5) 人間関係をうまく処理できる能力

この五つを十分にもっている人が，心の知能指数（EQ）の高い人であるとしている。

この提唱は，心理学を超え，社会的注目を集め高く評価された。さらにゴールマンはこれらの EQ 力は，教育により獲得できるとし，EQ 教育の充実を唱えた。ただし，科学的心理学からは，ゴールマンの EQ 論は実証的ではないとの批判がある。

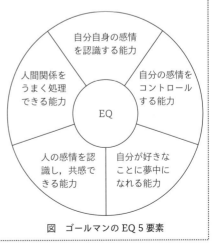

図　ゴールマンの EQ 5 要素

である，としている。

　一方，スタインバーグは，社会に出てからの大人の知能に注目した。知能テストは，その経緯から主に学校教育の中で発展したため，教育内容と関連する記憶力，分析力や推理力を測定している。このため，学業成績とかなりの関連を示し，IQ の高い児童はよい成績を示している。しかし，このような分析的知能は，社会に出てからの業績の高さや成功率をそれほど予測できない。この点に関して，スタインバーグは，社会での成功には他の知的能力が必要とされるからであると考えた。彼は，知能は，三つの要素から構成されているとし，分析的知能に加えて，実践的知能と創造的知能があるとした。実践的知能とは，直面する課題に現実的かつ的確に対応し，てきぱきと処理する知的能力である。創造的知能とは，独自で，他の人が思いつかないような，コロンブスの卵のような発想をする知的能力である。スタインバーグは，この三つの要素が，トータルとしての知能を構成しているとし，図 5-4 のように，知能の 3 要素理論（3 頭理論）を提唱している。

　さらに，最近では，実証的とはいえないが，人間の知能を知的能力だけでなく，感情的能力も含めた知能としてとらえたゴールマンの EQ（Emotional Intelligence Quotient）が世間的に評判になっている（トピックス 5-10）。

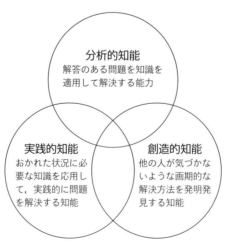

図 5-4　スタインバーグの知能の 3 要素（3 頭）理論

第 6 章　無意識と臨床心理

1◆ フロイトの精神分析

①無意識の発見

　科学的学問を目指した近代心理学は，心理学の研究対象を意識とした。近代心理学の父といわれるヴントの意識心理学や，それとはアプローチは異なるが，アメリカ心理学の創始者ジェームズも意識心理学を展開した。それは，人は自分の心を意識でき，その意識できる範囲が心でありそれが実証可能な科学的心理学の対象として適当と考えたからである。しかし，オーストリアのウィーンの精神分析家，ジグムント・フロイトは人の心の中には自分では意識できない深層の心理，無意識の世界があると考えた。しかも，その無意識の世界に大きな心的エネルギーがあり，私たちはそれに強く動かされていると考えた。人は，自ら，自分の意識で行動しているように思っているが，実は，無意識の力に動かされているとした。心の奥に無意識の存在を考えることにより，人の心理や行動を論理的に理解でき，また心の病理を説明でき，治療できるとし，深層心理を中心とする精神分析学を提唱した。

　フロイトは，病院の精神科でノイローゼ患者などを治療していくなかで，人の心には，自分では意識できない無意識の本能的欲求があり，自ら気づかないままに，その本能の力によって動かされているとした。ただし，意識の世界はその本能的力を受け入れがたいので，自我がそれを無意識の世界に抑え込んでいるとした。ただ，それがうまくいかないときには，ヒステリーなどの心理的な疾患が生じると考えた。人は，自分の心は自分で意識でき，自分でコントロールでき，自分の行動は自分の心で決めることができると考えているのが常識的である。自分の心の中に，自分では意識できない深層の心理があり，人は，そこにある本能の力によって動かされているという考え方は，19世紀末当時も，なかなか受け入れられるものではなかった。

　フロイトはフランス留学中，ヒステリーの治療法として催眠療法を学び，患者の催眠状態の言動を観察して，心の中に無意識の世界があることを確信し

た。催眠状態では，人は自分で意識しないままに手を動かしたり，歩いたりし，また逆に本人が意識的に動かそうとしても手足が動かなくなってしまうのである。それを見たフロイトは，これこそ，意識とは別のもう一つの心の世界があることの証拠と考えた。

　フロイトは，催眠状態の中でも，特に後催眠暗示に注目して，人の心の内に無意識の世界があり，そこにある力によって人が動かされることを確信した。この後催眠暗示とは，催眠中に，「催眠からさめた後，私が机を叩くと，あなたは水を飲みに行きますよ」といった暗示をかける。実際に催眠からさめた後で，机を叩くと，その人は急に立ち上がって，水を飲んでくる。しかし，深い催眠中の暗示は意識されないので，「なぜ，水を飲んできたのか」と聞くと，「ちょっと，のどが渇いたので……」などとその場の都合のよい理由で返事をするのである。催眠中の暗示によって動いているのに，本人はそれを知らず，意識では渇きから行動していると思っている。これが後催眠暗示の効果であり，無意識による行動であると考えた。そして，私たちが日頃行っている行動もこれと同じで，一つひとつの行動は，意識的に都合よく合理的に理由づけされてはいるが，本当は無意識の中のまったく別の力たとえば性的欲求などによって動かされていると考えたのである。

　フロイトは，一見何でもないような錯誤行為の中にその人の無意識の欲求を見ることができるとしている。錯誤行為とは慌てているときや，焦っているときのちょっとした失敗をいう。簡単な言い間違いや書き間違い，度忘れなどである。それは，意識の上では，ただうっかりしていたと言って済む行為である。ところが，精神分析では，実は，その失敗にこそ，深層心理が現れているとするのである。

　日頃の私たちの言葉や行動は意識的にコントロールされている。心の深層に別のやりたいことや言いたいことがあったとしても，それが社会的に許されないときはそれを抑える。それだけでなく，意識にもあげない。しかし，それを抑える力が弱くなると，外に現れる。人前であがっているときや焦っているときなどは，意識的コントロールが弱まるので，抑えていた本能的欲求が言葉や

行動になって出てしまい，言い間違いや書き間違いを起こすのである。これが錯誤行為と呼ばれる行動である。間違えたことに気づくと，誰も，ただちに意識的にコントロールして，その間違いを急いで訂正する。もちろん，その人の本当の気持ち（深層の心理）は訂正後の言動ではなく，間違えた最初の言動の方にある，と精神分析では考える。最も有名な例は，大事な会議が開かれ，議長が開会宣言をするとき，「これから会議を閉会する」と，"開会"を"閉会"と言い間違えてしまったという話である。もちろん，すぐに訂正されたが，そこにはその会議を早く閉会したいという議長の深層心理が，はっきりと現れたといえる。このような例は，日常的にもかなり多く見られる。もし，友人が間違えたことを言ったら，その間違えたことこそが友人の深層心理を表していると考えることができる。

◢2◣ フロイトのパーソナリティの３領域

フロイトは，人のパーソナリティは次の三つの領域から成り立っていると提唱した（図6-1）。以下はフロイトの精神分析に基づいた仮説である。

> ### ◆フロイトのパーソナリティの三つの領域◆
> ⑴　エス（イド，原我）………快楽原理
> ⑵　自我（エゴ）……………現実原理
> ⑶　超自我（スーパーエゴ）……理想原理

フロイトは，エスとは原始的衝動の領域で，その人のエネルギーの源，本能的欲求である，としている。そのエネルギーは性的本能のリビドーと破壊本能のサナトスからなり，ここでの行動原理は，本能のおもむくままに行動する快楽原理が支配している。フロイトは，人が生まれたときの心はこのエスだけであるとし，それゆえ，赤ん坊は，衝動的にのみ行動するとしている。

しかし，衝動的に行動しても，本能から生じる欲求は満たされるわけではない。たとえば，何か食べたいからといって，手当たり次第，口に入れていたら，食欲は満たされるどころか，腹痛で自らを壊しかねない。そこで心の中

トピックス 6-1

父を憎み，母を愛する深層心理

●フロイトのエディプス・コンプレックス●

ギリシャ神話の英雄エディプスは，王家に生まれるとすぐに，王家に災いをもたらす子との予言者の占いにより，亡きものにするため，川に棄てられる。しかし，下流の別の国で拾われ，育てられた。成長したエディプスは旅に出たが，その途中で老人と争いその人を殺してしまう。旅を続け，スフィンクスの謎を解き，それに悩む国を救い，救世主となった。そして，王となりその国の妃と結婚した。しかし実は，殺した人はエディプスの父親で，妃は母親だったのである。

フロイトは，このギリシャ神話の中に，男子は母親を愛し，そのため父親を憎むようになるという親子関係の基本的な感情的葛藤をみてとり，これをエディプス・コンプレックスと名づけた。フロイトは，人の性格は子どもの頃の親子関係のあり方によって大部分が決められるとし，その中でもエディプス・コンプレックスが重要であるとしている。幼児が3歳を過ぎると，性的欲求を異性に向けるようになるが，その対象となる異性は，男子の場合，母親となる。母親を愛し，独占しようとする。ところが，それに立ちはだかる父親の存在に気づく。子どもの心の中では，あの父親さえいなければ，母親を独占できるという思い，父親を憎み，殺したいという気持ちになる，というのである。

しかし，一方で父親に対する感情は憎しみだけでなく，強い父への憧れの感情もある。ここに複雑なコンプレックスが生じる。男子は，このコンプレックスの下で自らも強い男性になろうとし，父親をまね，父親と自分を一体視するようになる。これを同一視（同一化）という。精神分析では，このメカニズムによって，男子は男らしくなっていくとしている。

女子も同様のコンプレックスが生じる。女子は，3歳を過ぎて性的欲求が異性に向かうとき，父親を愛し，母親を憎むようになる。そして，同一視のメカニズムにより，母のようになろうとし，女らしくなっていくという。この女子のコンプレックスをエレクトラ・コンプレックスという。

エレクトラ・コンプレックスも，ギリシャ神話のなかのヒロイン，エレクトラから名づけられている。エレクトラは，母親が父親以外の男性と恋に落ちていることを知り，父親に同情し，弟を使って母親を殺してしまうという悲劇である。

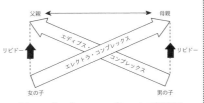

図　エディプス・コンプレックス相関図

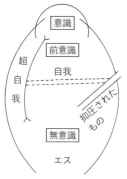

図 6-1　フロイトによる心の構造
(Freud, 1933 をもとに作成)

に，環境との調節を図る自我（エゴ）が形成される。自我は，自分が生き残る
ために環境をチェックし，直進的なエスの欲求を抑えながら，現実的にその欲
求を充足しようとする。自我の領域では，自分をわきまえて，環境との調節を
図りながら行動する現実原理が支配している。また自我にとって，エスの要求
や衝動はやっかいなものなので，発達過程を通して徐々に下の枠内に示すよう
な自我防衛機制を用いて，エスを無意識の世界に抑圧するようになる。このた
め，日頃は本人も気づかない心の深層に追いやることになる。代表的自我防衛
機制は次のとおりだが，トピックスで詳しく説明している。

◆自我防衛機制◆
(1)　抑圧　　　(2)　反動形成　　(3)　置き換え　　(4)　昇華
(5)　退行　　　(6)　補償　　　　(7)　同一視
(8)　投射（投影）(9)　合理化　　　(10)　逃避

　こうして，エスの基本的欲求であるリビドー（性的本能）やサナトス（破壊本
能）は，通常は自我によって無意識の深層に抑圧されており，意識には上って
こない。しかし，そのエネルギーは常時，外に出ようとしているので，自我の
抑圧が弱まると意識の世界に上ってくる。フロイトは，たとえば，前述したよ
うに，慌てたり，焦ったりしたときの間違い，酒を飲んだときの放言，夜，

トピックス 6-2

臭いモノにはフタ

●自我防衛機制⑴●

　自我防衛機制は，フロイトの提唱だが，フロイトの娘，アンナ・フロイトにより整理され，より詳細に分析された。

　幼児の自我は未熟で弱い。このため，常にエスからの本能的衝動に突き上げられ，崩壊の危機に立たされている。そこで，自我は自分を守るためにいろいろな種類の心理的防衛のメカニズムをつくり上げていく。これが精神分析の自我防衛機制の考え方である。この防衛機制は，成長するとともに，エスを無意識の世界に抑圧する。また，エスからの欲求を防ぐだけでなく，自我を外界の圧力から防衛する方法としても働く。この場合は適応メカニズムと呼ばれる。以下に代表的自我防衛メカニズムについて説明する。

（1）抑　圧

　最も基本となる防衛機制は，抑圧のメカニズムである。不快な衝動を無意識の世界に閉じ込め，エスを意識の世界に上ってこないようにするメカニズムである。抑圧に成功し，意識化されなければ，本能的衝動は，意識上にはないのと同じ状態になり，平穏ということになる。ただ，臭いモノにフタの状態なので，衝動がなくなっているわけではない。たとえば，夢など，自我の抑圧が弱くなったときには意識に上ってくる。

　ただし，このメカニズムの根本である抑圧の心理作用について，本当に衝動やトラウマが抑圧されるのか，実証心理学では疑問も呈されている。

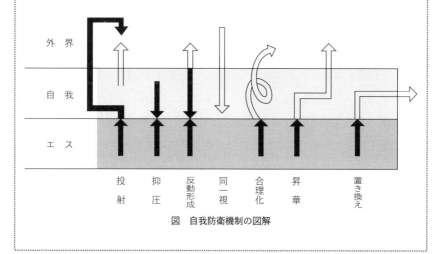

図　自我防衛機制の図解

眠っているときに見る夢の中などに，エスの世界を垣間見ることができると考えた。

　特に，夢はフロイトが重視した無意識現象の一つで，睡眠中は自我の抑制が弱いため，エスの世界が夢に現れると考えた。著書『夢判断』によって，人の深層心理を分析している。

　フロイトのパーソナリティの3番目の領域の超自我（スーパーエゴ）は，良心あるいは理想的・優等生的な自己である。ここでは，理想原理が支配している。たとえば，店先に欲しいものがある。しかも店員はいないという誰にも見つからない場面でも，ふつう人はそれを盗もうとはしないだろう。それは超自我の良心が働き，罪の意識を生むからである。

　この超自我は，両親のしつけや学校の教育によって発達過程でつくられる。両親や先生に叱られたりほめられたりすることで形成される理想的行動の価値基準である。この行動基準は理想的だが，この超自我があまりに強すぎると，理想と現実のギャップのため良心の呵責に悩み過ぎたり，理想を追い過ぎたりして，現実社会に適応できなくなることにもなる。

　このパーソナリティの3領域は，馬に乗って目的地に行く人にたとえられる。馬はエスで馬力があり，前へ進むエネルギーの源である。しかし，馬が勝手に走り出して，手綱をうまく引けなければ，とんでもないところに行ってしまい，目的地には着けない。手綱を引く騎手が自我である。どんな手綱さばきをするか，それが自我の力といえる。さて，騎手は，馬をどこでも走らせていいというわけではない。定められた道を走らなければならない。近道だからといって人の家の庭を横切るのは適当ではない。社会的道徳心や社会的規範，ルールがある。それが，超自我である。こうして，騎手がルールを守りながら，うまく馬を走らせれば目的地に着ける。同様に人も自我が中心になり，社会のルールの中で，環境と交互作用をしつつ，エスの発する欲求を充足していくと，目的をスムーズに遂行することができ，心理的にも充実することになる。

トピックス 6-3

憎しみがゆえに可愛がる

●自我防衛機制(2)●

(2) 反動形成

　人は一度に二つの意識をもつことはできない。また，一度に二つの行動をすることもできない。そこで，エスの衝動を抑えようとしたら，その衝動とまったく逆のことを意識したり，行動したりすれば，元の衝動を抑えることができることになる。

　フロイトは人の感情や態度は，元来，両面価値的（アンビバレンツ）性質をもっていると考えている。つまり，愛と憎しみは正反対の感情であるが，愛憎は相半ば，ちょうどコインの裏表のように，両者は一つの感情の両面であるという。生と死も，創造と破壊も，またコインの裏表である。たとえばある人が，非常に強い本能的で不合理な攻撃的衝動をもっていたとしよう。その衝動を直接発露すれば，社会的に制裁を受けてしまう。そこで，それを抑えるために攻撃性とは正反対の行動，つまり礼儀正しくていねいな行動をとる。この謙虚さの表現行動により，コインの裏側の攻撃的衝動は外に表れることができなくなり，周囲からはスマートな紳士・淑女と見られ，高く評価されることになる。このように，反動形成は，社会的に受け入れられない欲求や衝動を強くもったとき，それを抑えるために正反対の感情や態度を外に表すことを指す。ただし，元々の礼儀正しさから生じた謙虚さではなく，逆の衝動を抑えるための謙虚さなので，ぎこちなさがあり，また大げさでやり過ぎが目立つことになる。継母が憎しみを抑えるためむやみにその子を可愛がるなどの例があげられる。この反動形成は自我防衛と社会的適応をかねた防衛機制といえる。このため，極端に道徳的な行動をとる人は，精神分析的にはその心の裏に強い反社会的衝動が隠されているかもしれないとも考えられる。

(3) 退　行

　現在の自我状態ではどうしても問題がうまく解決できなくなり，自我を守りきれなくなったとき，一つの防衛の方法として現在より以前の自我状態での解決方法により問題を処理し，自分を守ろうとするメカニズムがある。これが退行である。退行は子どもの頃に常用していた衝動的解決方法によって，今の不満を解決しようとするメカニズムである。最も典型的な方法が泣くこと，叫ぶことや暴れることなどである。ヤケ食いや子どもっぽく甘えるなどの行為もこれに当たる。

■3 性欲論

　フロイトの精神分析では，性的欲求（リビドー）を，人の基本的本能だとしている。それゆえ性的欲求は生まれながらにもっていて，幼児のときからこのリビドーのエネルギーによって心が動かされ，行動し，発達していく，としている。フロイトの性的発達論については第7章で詳述する。

　フロイトのこのような性欲をすべての源とする汎性欲論と，性欲が子どものときからあるとする幼児性欲論は，当時の世間の批判を受けた。性的欲求の抑制が今よりも厳しい19世紀末のヨーロッパの知識人にとって，すべてが性欲の結果であるとする考えや，あの汚れない幼児まで性欲で動いているとする考えは，とても受け入れられなかった。

　しかし，なかには次に示すアドラーやユングのように，フロイトが精神分析を提唱するや，すぐにその考えに傾倒する学者もおり，精神分析は徐々に広まっていった。特に性格は家庭における人間関係によって決まるという考えは，ヨーロッパよりも新興国アメリカにおいて受け入れられ，フロイト以後，精神分析は主にアメリカにおいて発展した。

■2◆　アドラーとユング

■1 アドラーの劣等感コンプレックス

　アドラーはフロイトの考えに共鳴したが，極端な汎性欲論には批判的であった。アドラーは，人を動かしているのは性的本能ではなく，優越本能であると考えた。そして，防衛機制の中の，特に補償のメカニズムを重視し，このメカニズムの作用によって人の性格が形成されるとした。

　人は，生まれたときから優越欲求や完全欲求をもっている。しかし，子どもは力が弱いため何もできないし，周囲は自分よりも優れた大きな子ども（兄や姉）や大人（父や母）に囲まれている。そのため，子どもは自尊心をもつどころか，強い劣等感をもってしまい，コンプレックスにさいなまれる。そこで，そ

トピックス 6-4

スポーツのエネルギー源は性的欲求

●自我防衛機制(3)●

（4）置き換え

エスの本能的衝動は，暴力的で直接的なので，自我にとっては現実を考えると実現できないものであり，もしそれを実行したら自我全体が崩壊したり，社会的に制裁されてしまうことになる。そこで自我は，エスの本能的欲求の対象を実現可能なもの，実現容易なものに置き換え，対象を変え，代理の対象により欲求を充足し，自我を守ろうとする。これが置き換えのメカニズムである。典型的な例は，上司に対する怒りを部下にぶつけるという置き換えである。しかし，その心底には，さらに子どもの頃からの権威的父親に対する怒りが置き換えられていることがある。むしろ，この解釈が精神分析的である。置き換えは，敵意・憎悪など反社会的感情や衝動に多く見られるが，性的欲求もその露出に伴う不安から置き換えが生じやすい。たとえば女子中高生のアイドルやスポーツ選手への追っかけは，身近な異性愛欲求の回避という置き換えによるともいえる。また性的欲求が直接異性ではなく，映像など2次元に向かったり，異性の身につけているもの，たとえば下着などに置き換えられることもある。この方が自我にとって安全である。この傾向が極端になったのがフェティシズムである。

（5）昇　華

置き換えの中で，特に若者の性的エネルギーが社会的により高い活動に向けてエネルギー充当されることをフロイトは昇華と呼んだ。社会が近代化すれば子どもが大人になるまでの期間が長くなる。そして結婚年齢も高くなる。生物的な性的欲求の高まりとそれを充足する社会システムとのギャップが拡大する。このため若者の性的エネルギーは，その充当先を希求することになる。そのエネルギーをより社会的に評価される勉学やスポーツ，芸術などに集中することに置き換える。この置き換えが成功したとき，エネルギーが強いだけに，すばらしい成績やずば抜けた記録，作品となって現れる。そして，これらが社会的に評価されるため，自我は守られることになる。

れを克服しようという補償メカニズムが働く。なかでも，体の弱い子どもや身体の一部に障害をもつ子どもは，劣等感を強く感じる。そこに補償のメカニズムが他の子どもよりも強く働き，その有り様がその人特有の性格をつくっていく。

　アドラーは特に兄弟関係を重視し，第2子以降の子は，第1子（長男，長女）に劣等感をもつため，より強く補償作用が働くとしている。のんびり屋の長男とがんばり屋の次男といわれるが，こんな理由で性格形成されるのである。

　この補償作用は，二つの方向に働く。劣等している部分に働き，身体の弱い子が優れたスポーツ選手になる場合と，劣等部分以外に働き，身体の弱い子が学問や芸術など，別の領域で優越する場合とがある。いずれにしてもアドラーによれば個人は，全体として，自己評価をマイナスの状態からプラスの状態にすることを目指して行動していくという。アドラーは，また，個人の心理状態を考えるとき，人の悩みはほとんどが対人関係にあり，それを解決するためには，人の課題と自分の課題を分離すること，そして，自分自身の方向性を全うすることに集中することが大事だとしている。このことから自らの心理学を個人心理学と呼んでいる。

❷　ユングの普遍的無意識

　ユングも早くからフロイトの考えに共鳴した一人である。しかも，ユングは，フロイトが考えた無意識の世界よりも，さらに深い無意識の世界があると考えた。フロイトは個人の幼児体験や抑圧されたエスの欲求などが無意識を形成しているとしたのに対し，ユングは，図6-2に示されるように，そのような個人的無意識の層よりもさらに深いところに，人類共通の普遍的無意識（集合的無意識）の領域があるとしたのである。この普遍的無意識層は通常，直接には意識されないが，日常の意識に強い影響力をもつ。ユングは普遍的無意識層の中心は，元型（アーキタイプ）からなっているとしている。元型とはたとえば，英雄元型は桃太郎やスーパーマンのようなイメージとなって意識化されるとしている。

トピックス 6-5

ケチな人ほど人をケチだと言う

●自我防衛機制⑷●

(6) 補　償

　強い劣等感をもったとき，その劣等感を克服することに心的エネルギーが集中される場合を指す。体の弱い子が人一倍がんばってスポーツ選手になったり，あるいは他の分野，たとえば勉強や音楽で優秀な成績を生むメカニズムである。本文に述べたように，アドラーが重視した防衛機制である。

(7) 同一視 (同一化)

　心身ともに自分の好きな人や憧れの人，尊敬する人になりきり，同じ言動をすることにより，不安や衝動を解決するメカニズムである。母親を愛し父親を憎むようになるエディプス・コンプレックス期，父親は単に憎まれるだけの相手ではない。男の子は，争ってもかなわない偉大な父親に対したとき，自分も父親のように強くなりたいと願う。現実の弱い自分に不安を抱く自我は，防衛の一つの方法として自分を，理想の自己である父親と一体視し，あたかも自分が父親であるように思い振る舞うことにより心を安定させ，自分を守ろうとする。これが同一視あるいは同一化のメカニズムである。このメカニズムは父親対男子の関係だけでなく，一流のタレントやスポーツ選手などに自分の理想を見出したとき，自分の弱点や不安をぬぐい去るために働くメカニズムでもある。このためこのメカニズムは，特にトラの威を借るキツネ的心理状態になり，ときに，滑稽に見えるが，他方，父親を同一視した男の子がより男らしくなるように，自分の中に理想的人物をとり込み，なりきることにより，理想に近づくことが可能になる。

　また同一視は，自分の理想や自分の好きな人や物を，自分自身と思うことにより，自己拡大が生じ，自分自身を強めることができるメカニズムである。カッコいいスポーツカーは，車ではあるが，自分自身なのである。

(8) 投射

　自分では受け入れたくない自分の中のエスの衝動や自分の欠点を相手の人がもっていることにし，それを非難することで，自己防衛するというのが投射のメカニズムである。投射は，自分の内にある自分の欠点や嫌なところを自分から除外し，他の人に押しつけて，その欠点による不安から逃れ，自分を守ろうとする巧妙な防衛機制である。身近な例をあげると，ケチな人ほど，人のことをケチだと言うという話がある。それは自分のケチさかげんに嫌気がさしている人はケチがいやでたまらなく，ケチが気になって仕方ない。そこでケチな行為をした人を見つけるとここぞとばかり，そのケチぶりをあげつらう。これにより自分自身への非難を相手に向けることができ，自我は自分を守ることができるのである。

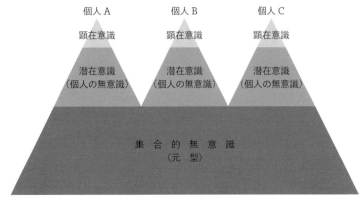

図 6-2 ユングの世界

　ところでユングもアドラー同様，フロイトの汎性欲論には早くから，疑問を
もった。フロイトの『夢判断』には大きな影響を受けたが，ユングは夢をフロ
イトのように過去の体験や性的シンボルを中心とした解釈ではなく，人がより
高い自己になろうとする自己実現の欲求という視点から解釈している。このた
め，夢の中には予言的要素もあると考えた。この「人は自己を高めようと志向
する」ということに重点を置いている点から，ユングは，自らの心理学を，個
性化の心理学としている。

3◆　精神分析への疑問

　ここまで，精神分析の考え方を無意識を中心に述べてきたが，精神分析への
批判や疑問は提唱された当時から現在まで少なくない。当時の社会の常識か
ら，汎性欲論的考え方は激しく非難された。また，現在では，多くの心理学者
から，その理論が，科学的方法により実証されていないことを指摘されてい
る。さらにまた，科学的心理学者による実証的研究により，精神分析の理論に
反するような実証データが示され，理論の信憑性も疑問視されている。精神分
析学派の理論は臨床経験に基づくものであるため，再現性に乏しく，科学的理
論としては弱いといえる。精神分析を学ぶときは，この点に留意する必要があ

トピックス 6-6

届かないブドウはすっぱい

●自我防衛機制(5)●

(9) 合理化

合理化とは，合理的な考えをするというのではなく，むしろ，無理矢理，合理的だと思い込んでしまうことにより自分を守ろうとするメカニズムである。典型的な例がイソップ物語の中に出てくるすっぱいブドウの話である。

キツネはブドウ棚の上においしそうなブドウを見つけて取ろうとする。しかし，どうやっても届かない。ついにあきらめたキツネは，あのブドウはすっぱいんだとうそぶく。すっぱいブドウだとしてしまえば，自分が手にすることができなくても何の問題もないという合理性が生まれる。客観的事実はともかく，それで自分の行為が納得できる。そうすれば心は安定し，自我は守れることになる。

(10) 逃避

都合の悪い事態との直面から逃げ，夢や空想に逃避してしまうこと，また逆に，現実の仕事に夢中になることにより，葛藤場面との直接対面を避けようとするメカニズムである。テストの前に掃除に夢中になる，ネットに没頭するなどもこの逃避行動の一つである。

以上のように，自我はいろいろなメカニズムを用いて，発達過程を通しエスからの衝動を防衛して成長していく。しかしこれらはいずれも“心理的解決法”で，成人してから，あまりに多用すると現実の問題と正面から向かいあうことを避けてばかりいることになってしまい，本当の適応や自己成長に影響が出てしまいかねないことにもなる。

る。一方，20世紀最大の思想家の一人といわれるフロイトの考え方は心理学を超えて，哲学や文学さらには社会科学全般に大きな影響を与えている。この点にも注目して，精神分析を学ぶ必要があるといえる。

4◆ 臨床心理学

　体の調子が悪いときは，病院に行き医者に相談する。欧米では，心の調子が悪いときも，同じように心理カウンセラーやセラピストのところに行き相談する人が多い。それもかなり日常的にである。そのため，街に心理クリニックが多く見られる。日本でも最近は，心理カウンセリングが知られるようになり，心に問題をもったとき訪れる人も見られるようになってきている。そのような来談者の心の悩みに対応し，心理的問題を，投薬ではなく，カウンセリングによって解決していこうとするのが，臨床心理学である。

　臨床とは，床に臨むことであり，ここで床とは病院などのベッド病床を指し，精神的に病んだ人の抱えている問題に直に対応し，問題解決へと導くことを意味している。臨床心理学とは，心が病んでいたり，悩んでいたりする人の相談にのり，その病気や悩みの解決を手助けする学問領域である。このため，科学的志向が強い他の心理学の分野とはかなり異なっており，次のような特徴をもっている。

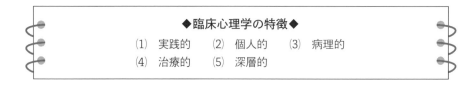

◆臨床心理学の特徴◆
(1) 実践的　　(2) 個人的　　(3) 病理的
(4) 治療的　　(5) 深層的

　まず，臨床心理学は，来談者（クライエント）の病を治すことが主眼であるので，実践的である。理論を構築したり，その理論の実証は大事であるが，臨床心理学は理論の応用が中心で，第1の目的は，来談者の治癒である。

　また，通常の心理学は，普遍性を求め，理論を考え，それを実証していく方

トピックス 6-7

逆境への考え方を変える ABC 理論

●エリスの論理療法●

　エリスは，フロイト，ロジャーズと並ぶ3大心理療法家の一人である。エリスの論理療法は，アメリカでは実践的短期心理療法として近年，ますます高い評価を得ている。この療法は，現実にクライエントが悩んでいる葛藤や不安を対象とし，その原因を，当人の非合理的（非論理的）考えにあるとする。そして，そのことを当人に認識させ，その考えを合理的で，論理的な考えに直させるという明確な指示的療法である。

　治療者は，クライエントに関与し，考えが非合理的であることを指摘し合理的考えに直すように積極的に説得しながら治療していく。エリスの論理療法の基本は，ABC 理論である。A は，Adversity（逆境とか不運）の A で，試験不合格や失恋など，自分にとっての失敗や困難など不幸な出来事である。B は Belief（信念や考え方）の B で，その逆境や不運に対する自分の考え方やとらえ方で，たとえば，自分は無能であるなど逆境に対する非合理的とらえ方を指す。C は，Consequence（結果）の C で，逆境（A）や非合理的考え（B）がもたらす不幸，憂ウツや不安，あるいは引きこもりなど心理的疾病である。

　論理療法で最も重要な点は，A が直接，C を起こしているわけではないとする指摘である。C を起こしているのは，直接的には B が原因なので，B を変えることにより，C も変えることができるとする。そして，A に対する自らの非合理的考えの B を自ら反論することにより，考えを合理的に変えることができ，それにより，心理的疾病は治癒されるとした。これが論理療法の中心的考え方である。つまり，逆境などが直接ウツなどを引き起こしているのではなく，逆境のとらえ方が直接の原因だとしたのである。エリスは終始この考え方の基本は変えていないが，理論を発展させるなかで，療法の名前を，論理療法から理性感情療法，理性感情認知行動療法などと変えた。その理論も ABC 理論から反論を含めた ABCD 理論，新しい信念を加えた ABCDE 理論と変えている。エリスの考え方は，認知療法と共通している。

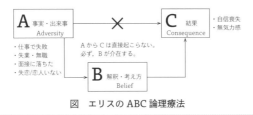

図　エリスの ABC 論理療法

法論を基にしているが，臨床心理学では目の前のクライエントの治癒を目的とするため，極めて個人的である。家族を含めた人間関係や会社などとの関係も問題として取り上げるが，あくまで来談者個人の内面を問題としている。さらに通常の心理学では，健全な面に焦点をあてているが，臨床心理学は不健全な面，病んでいる面，ネガティブな面に焦点をあてている。さらには，来談者自身が気づいていない内面の深層を探ることも重要視している。

　このような特徴から，臨床心理学は第 5 章で述べた性格の心理と深く関係しているが，前述した精神分析も重要視されている。また，来談者の心理状態を知ること（心理アセスメント）が大事なので，第 5 章の性格検査法は，カウンセリングや治療のツールとして大事である。クライエントに対応する心理療法には多くの療法があるが，次に，代表的な心理療法の特徴を見ていく。

5◆　代表的心理療法

　心の悩みをもった来談者への治療には，薬物投与とカウンセリングとがある。心理療法は主に来談者との対話を中心としたカウンセリングによる療法である。

　心理療法には多くの療法があるが，代表的心理療法はトピックス 6-8 に示すように，いずれも認知心理学，行動主義，精神分析，人間性心理学の理論など，心理学の主要な理論を背景に展開されている。各療法はそれぞれ独特の理論と独特の技法をもち，また，各々に問題点もある。次に各療法の特徴を見ていくことにする。

■1）精神分析療法

　精神分析療法は，前述したフロイトの精神分析理論に基づいた心理療法である。精神分析では人を動かしているのは心の深層の無意識の心的エネルギーであるとしているので，心の病理もそこに原因があるとする。それを知るために，クライエントをリラックスした状態に置き，自由連想法などにより，心の

トピックス 6-8

各心理療法はどこに焦点をあてているか

●代表的心理療法一覧●

　本文で，代表的心理療法の各特徴を述べてきたが，本トピックスではそれらが比較できるように下記のようにまとめて，一覧表にした。

　「心理的要素」とは，その療法が，人の心理的メカニズムのどこに焦点をあてているかを示している。

　「問題の原因」は，その療法が現在抱えている心理的問題の原因がどこにあるかと考えているかを示している。

　「療法の焦点」と「療法の目標」は，その療法が，どこに焦点をあてて最終的な治療の目標としているかを示している。

　「療法者の役割」は，その療法が，来談者に対して，積極的か，来談者中心か，中立的かを示している。

　「療法の技法」とは，その療法の，具体的な方法を示している。

主要な心理療法の特徴

療法名	精神分析療法	人間性療法	行動療法	認知療法
提唱者	精神分析家（フロイト）	人間性心理学者（ロジャーズ）	行動主義者（ウォルピ）	認知主義者（ベック，エリスら）
心理的要素	感情	感情	行動	思考
問題の原因	幼児期の問題無意識の葛藤	自己成長の阻害	不適応行動の学習	誤った考え非合理的信念
療法の焦点	葛藤の意識化	真の感情と目標の発見	不適応行動の確認と修正	考えの再構築
療法の目標	自我機能の強化性的成熟	自己受容と自己実現	行動変容自己管理	合理的思考行動コントロール
療法者の役割	中立的	来談者中心的	訓練的	指導的
療法の技法	自由連想法夢分析	来談者中心の会話	系統的脱感作行動修正	自己叙述法接種予防法

図 6-3　精神分析療法の自由連想法の治療室の風景

深層に潜むコンプレックスや不安を顕在化させる。特にフロイト派の精神分析療法の場合，幼児期の親とのリビドー的関係の葛藤に焦点があてられ，それを意識化することにより，問題が解決されるとしている。

　ただし，精神分析療法でも前述したようにアドラー派は，性的関係よりも人間関係の優劣関係からの劣等感に焦点をあて，またユング派は，人間的成長に焦点をあてて療法を進めていく。

② 人間性療法

　人間性療法は，ロジャーズにより提唱された人間性の心理学に理論的根拠を置いている。この心理療法の特徴は，クライエント中心療法である。他の方法がセラピストやカウンセラーが指導的に，クライエントをリードし，治していくという考えであるのに対して，この療法は，あくまで治すのはクライエント自身であるという立場に立つ。治療中の会話の中心はクライエント自身で，治療者は，うなずいたり，相づちを打ったりするだけである。このため，その手法は，非指示療法と呼ばれている。対話を通してクライエントが自らの問題を発見し，解決を発見し，成長し，そして，自己受容することにより，自己実現を図ることができるようになるとしている。その自己実現を促し，支援するの

が治療者の役割であるとしている。

3) 行動療法

　行動療法とは，ワトソンの行動主義の心理学理論に基づいた療法である。行動主義では人の行動は条件づけにより獲得されたとする学習論を理論的根拠としている（第 4 章の学習の項参照）。この理論によれば，クライエントの不適応行動は，不適切な条件づけにより身につけてしまったものと考える。そこで，まず行動アセスメントあるいは行動分析により，どんな不適切な学習がなされたかを診断し，それを消去する新しい条件づけのスケジュールを立て，それに基づき訓練的に行動変容を行っていくことになる。たとえば，恐怖症の場合，恐怖対象に対する恐怖と同時に快の対象を提示し，リラックスさせることにより，「人は同時に相反する感情をもてない」という原理に基づき，徐々に恐怖を取り除いていくという手法である。ウォルピの系統的脱感作法などが代表的技法である。

4) 認知療法

　認知療法は認知心理学の理論に基づいている。ベックは，クライエントの不適切な認知の歪みと思考が，自己否定的考えを形成してしまい，それが不適応な行動を生んでいると考えている。たとえば，ウツの場合，抑ウツ患者の自己否定的な認知的歪みに注目し，それを積極的に指導し，合理的な考えに変えることにより，症状を治療できると考えた。このため，治療はまず，クライエントの不適応的行動の背景にある誤った不適切な考えを明確にし，その認知的歪みを修正し，クライエントに抑ウツの原因は，状況にあるのではなく，自らの認知にあることを分からせ，より適応的な認知に変えていくようにする。つまり，この療法はクライエント自らに自分の考え方の歪みに気づかせ，修正し，再構成することを指導するのである。ベックの認知療法は，精神分析と異なり，改善の客観的記録をとり，それをもとに，その効果の実証性を明示していく。ベックとは別にエリスも独自の論理療法である ABC 療法を唱えている（ト

ピックス 6-7)。これらの療法は，その効果の明瞭性と治療期間の短さにより，広く評価されるようになってきている。

　ここまで，主要な心理療法を見てきたが，では，これらの心理療法の中で，実際にはどの心理療法が多く使用されているのであろうか。また，どの心理療法が治療に一番効果的なのであろうか。従来，アメリカでは心理療法の基本は精神分析であったことから，心理療法の大半が精神分析療法であった。しかし，近年，前述したように多くの心理療法が提唱されて，精神分析のみを行う療法家はむしろ少なくなっているという。現在では，来談者に合わせて適切な療法を選択する折衷的療法，また，二つ以上の療法を併用するといった統合的療法を行う療法家が増えてきている。なかでも，認知療法と行動療法は近年統合されつつあり，認知行動療法と呼ばれるようになってきている。この療法は，技法としては行動療法を中心とするが，考えや感情も行動の一部とし，認知の仕方の変容や感情のコントロールを治療の中心にしている療法である。この治療法を短期集中的に用いた短期療法（ブリーフ・セラピー）も多く使用され，また効果もあがっているとされている。

第7章　発達と成長の心理

1◆ 誕生から学童期まで

① 誕生の特異性

　人は誕生してから，どのように心理的に発達し，成長していくのか。その成長過程でどのように性格が形成されるのか。発達心理学では，人の心理的成長プロセスを時系列で追い，各時期の性格形成とそれに影響を与える要因を見ていく。特に近年の発達心理学は，乳幼児期からではなく，誕生前の胎児期の研究も進められている。さらにまた，青年期までではなく，成人後も生涯発達という観点から，成人期や老年期の心理的発達についても研究されている。

　まず，誕生時の特徴を見ると，人間の赤ちゃんは，ウマや羊など他の高等哺乳動物に比べて誕生時は極めて無能力に見える。実際，立てない，歩けない，話せない状態である。しかし，この無能力に見える生まれ方こそが人間の生まれ方の特徴で，そこに限りない能力の発展性と可能性が秘められている。そのことが，比較行動学的研究から分かっている。比較動物学的に人間の子の誕生を見ると，人間の子はずいぶん特殊で，ユニークな生まれ方をしていることが分かる。生物学者のポルトマンは，人の子が誕生時に無能力なのは，人の子の誕生は，他の高等哺乳動物と比べると1年ほど早く，進化上，常態化した早産ではないかと考えた。そして，誕生からの1年間は本来胎内で過ごすはずの時期という意味で，子宮外胎児期と呼んだ。その理由は，人間の赤ちゃんの能力が他の高等哺乳動物の誕生時の能力に追いつくのは1年後だから，というのである。

図 7-1　生涯の発達過程

トピックス 7-1

赤ちゃんは目が見える？　見えない？

●新生児の有能性●

　かなり以前は生まれたときは，赤ちゃんは目が見えないといわれていた。焦点の合わない，うつろな目を見ると，たしかにそう見える。しかし，心理学者が詳しく調べた結果，生まれたばかりの新生児でも，目は見え，30 cm くらいの距離のゆっくり動く物体なら，目で追えることが分かった。

　また，ファンツの研究により赤ちゃんは特定の刺激を，特によく注視することが分かった。単純な刺激よりも，複雑な刺激をよく見るが，なかでも人の顔に対して，最も注視率が高かった。赤ちゃんは人の顔を好んで，目で追っているのである。しかも，見慣れた親の顔を一番長く追うのである。目で追われた親は笑顔で赤ちゃんを見て，赤ちゃんに近づく。このことから，赤ちゃんは，親と子のコミュニケーションを受け身的だけでなく，能動的にとっていることが分かった。

　この能動性は，言葉に対する反応でさらに明らかにされた。生まれたばかりの赤ちゃんに話しかけると，その声に応じて，手や足を動かしたり，発声したりする。このような行動を相互同期的活動という。特に人の声に反応し，他の単純な音の繰り返しには，反応しないのである。

　親の声に子どもが反応し，その反応を親がキャッチしてまた声をかける。この親と子の声のキャッチボールが，言葉を発達させていく。また，それだけでな

く，それが親子の心理的結びつきも深めている。親も本能からだけで赤ちゃんを養育しているわけではなく，このような赤ちゃんとのやりとりから子どもへの愛情をさらに深めていく。子どももまた，自分の行動に反応してくれる親にさらに愛着を感じるようになる。

　このように，赤ちゃんは，思いのほか，積極的に親に働きかけているのである。また，赤ちゃんは生まれてすぐから，人の顔を模倣することができることが，実験的に確認され，人には，社会性が生来備わっていることが分かった。これらの発見から，新生児は一見，無能に見えるが，かなりの能力をもっていることが確認され，改めて，新生児の有能性という視点からの研究が進められている。

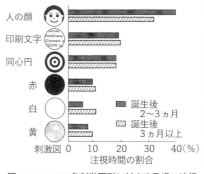

図　ファンツの各刺激図形に対する乳児の注視時間の割合（Fantz, 1961 をもとに作成）

　ウマやウシの誕生を見て，まず驚くのは，ウマやウシの子の能力の高さである。生まれてすぐに自分で立ち，すぐにも歩ける。生まれたときにすでにその動物の基本的能力を身につけている“小さな大人”という感じである。巣を必要としないので，これを離巣性と呼ぶ。これに対し，生まれたとき，無力で，巣で親の養護を必要とする生まれ方を就巣性と呼ぶが，ネズミやウサギなどが就巣性動物である。ただ，これらの動物の胎児期間は短い。人の子は胎児期間がかなり長い。にもかかわらず，基本的能力の二本足歩行もできず，コミュニケーション手段としての言葉もしゃべれず生まれる。そして，これらの能力は，生まれてから本人の努力に加えて両親を中心とした周囲の人の献身的養育により獲得していくことになる。基本的能力を身につけるのに周囲の人の長期間の関わりが必要とされるのである。このことは，人間は本来，社会的動物であるということを示している。潜在能力を十分もち，それが固定されないまま生まれてくるのである。このことは一見，無能力で不利なように見えるのだが，視点を変えると大きな特典となる。固定されていない潜在能力は，生まれてから自由に発達可能となるのである。本能的行動が少なく生まれてくるということは，誕生後の教育と学習努力によって大きな変化をすることができ，成長過程で変わることができるのである。人は人との関わりによって成人になるといえる。この意味からも社会的動物といえ，人間の発達にとって教育と学習の影響が大きく，大切といえる。ポルトマンが提唱する動物の誕生の仕方の進化は，図7-2に示してある。

　ところで従来，人の赤ちゃんは，見た目の無能力さゆえ，完全に未熟で受け身的とされ，実際以上に無能力とみられてきた。しかし，近年，発達心理学の研究の成果として，無能力そうに見える赤ちゃんが，実は，かなりの能力を

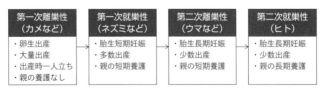

図 7-2　ポルトマンの動物の誕生の仕方の進化

トピックス **7-2**

ミルクで母親への愛情が育つか

●ハーローの代理ママの実験●

　飲水欲求や食欲求などの生理的欲求は人が生まれながらもっている生存のための欲求である。それを一次的欲求と呼ぶ。従来の心理学，特に行動主義の心理学では，母親への依存・愛情欲求はこの生理的欲求を満たす過程で成立するとし，派生的（二次的）欲求としていた。愛着欲求についてのこの伝統的学習理論に疑問をもったハーローはミルクを与えることだけで愛着が生じるのかどうか，赤毛ザルを使って実験した。彼は生まれたばかりの赤毛ザルの赤ん坊を母親から離し，実験室で育てた。そして母親の代理として針金でできた針金製母親と，柔らかい布で覆われた布製母親を（下の写真のような２種類）を用意した。子ザルは１匹ずつ２種類の母親の置かれたケージに入れられた。子ザルのうちの半数は針金製母親の胸部のビンからミルクを飲み，他の半分は布製母親の同じ場所のビンからミルクを飲んだ。

　伝統的な学習理論の予測では，針金製母親からミルクを飲んだ子ザルは針金製母親に愛着を示し，布製母親からミルクを飲んだ子ザルは布製母親に愛着を示すとされる。しかし，実験の結果は違っていた。どちらの母親からミルクを飲んだかに関係なく，子ザルは布製母親を好み，愛着も示したのである。この結果から，授乳の有無よりも，接触による快感

（肌ざわり）が，子ザルの愛着欲求にとって重要であることが示された。

　さらに熊の人形のおもちゃをケージに入れ，子ザルを恐怖に陥れると，どちらの子ザルも決まって布製母親のもとへ逃げ，しがみついた。しかし，ケージに針金製母親のみ置かれた場面では，子ザルはずっと怖がって隅にうずくまっていた。このことから愛着欲求が布製母親に満たされていたことが分かった。愛着は，ミルクではなく，肌ざわり，つまりスキンシップによって生まれており，愛着欲求が生得的欲求であることが明らかとなった。また，ハーローは続く研究において，サルが大人になり，性生活を含む正常な社会生活を送るには，母親との関係だけでなく，子どもの頃からの仲間との遊びが重要であることも見出している。

図　ハーローの代理ママの実験風景
（Harlow, 1996）

もっていることが明らかにされてきている。そのことは乳児の有能性（コンピテンス）と呼ばれ，注目を集めている。トピックス7-1にその一例を示すが赤ちゃんは，見かけよりかなりの能力を持っているのである。

また，乳児の発達心理学的研究は，乳児から母親への積極的な働きかけが思いのほか多いことも明らかにしている。その幼児の働きかけに対して，母親が適切に対応することにより，子どもは母親への信頼感や安心感を形成するのである。この母親との関係は単に母親への信頼だけにとどまらない。生まれて初めて出会った人が信頼でき，安心できれば，人全体，社会全体を信頼でき，安心できるものと感じることになる。母親との関係から出発して，人間関係全体に対して信頼と安心をもつのである（ただし，ここでの母親とは，母親的な存在のことを指す）。

また，母子の信頼関係の成立には，単に母親が赤ちゃんに授乳することだけではなく，肌の触れ合いなどの相互の愛着行動が大事であることが，ハーローのアカゲザルの実験などで明らかにされている（トピックス7-2参照）。

以下，人の発達心理について乳幼児期から児童期，青年期を経て，成人し，老年期を迎えるライフ・サイクルの中で，それぞれの個人がどのような心理的問題をもち，それに対処し，発達するのかについて，エリクソンの自我の発達課題を通しての自己成長を軸に，説明していくことにする。ただし，精神分析のエリクソンの発達理論については，前述したように昨今の実証的研究において批判が少なからず見られることには留意する必要がある。エリクソンのライ

図7-3　幼児の視覚実験の風景（Newman & Newman, 1983）

図7-4　親の顔に対する乳児（2カ月）の反応実験風景（Meltzoff & Moore, 1977）

トピックス 7-3

人生，生涯が発達である

●エリクソンのライフ・サイクルと自我の発達課題●

　エリクソンはフロイトの青年期までの性的発達論をもとに，それを発展させ，生涯にわたる精神分析学的発達論を提唱している。フロイトが人の発達を「心理-生理学的」にとらえて主に性的関係から理論化したのに対し，エリクソンは発達の諸段階における人間関係や社会との関係をも視野に入れた心理-社会的発達論を展開した。また，フロイトが発達を発達初期の乳幼児期のリビドーの方向を中心に検討したのに対して，エリクソンは，青年期を重視し，さらに壮年期，老年期も含めて一生を発達と考え，各段階の自我の課題とそれを獲得する過程で起こる危機について展望している。

　このような「心理-社会的」アプローチから，エリクソンは生涯の発達段階を下表のように八つに分け，これを人生周期（ライフ・サイクル）と呼び，各発達段階に各々発達させるべき自我の発達課題を明示した。そして，人はこの自我に課された課題を人間関係を通して克服しながら自らの性格を成長させていくとしている。この理論は実証的裏付けには欠けるが，生涯を見すえた発達論として心理学を超えて，社会的に高く評価されている。

エリクソンの自我の発達段階（「心理社会的危機」とは，各発達段階において主に直面する課題のこと）

発達段階	心理社会的危機	重要な対人関係の範囲	関係の深い社会秩序要素	心理社会的様式	心理・性的段階
I 乳児期	信頼 対 不信	母親的人物	宇宙的秩序	得る お返しに与える	口愛-呼吸 感覚-運動段階 （合体的様式）
II 幼児期	自律性 対 疑惑・恥	親的な人物 （複数）	法律と秩序	保持する 手放す	肛門-尿道段階 筋肉的 （貯留-排泄的様式）
III 児童期	積極性 対 罪悪	基本的家族	理想的な標準型	思いどおりにする （＝追いかける） まねをする（＝遊ぶ）	幼児-性格的移動 （侵入-包括的様式）
IV 学童期	生産性 対 劣等	近隣 学校	テクノロジー的要素	ものをつくる （＝完成する） ものを一緒につくる	潜伏期
V 青年期	同一性 対 同一性拡散	仲間集団と人生のモデル	イデオロギー的展望	自らの自分自身であることの共有	思春期
VI 初期成人期	連帯 対 孤立	友情・生活・競争・協力の相手	協同と競争のパターン	他者のなかで自分を発見する	性器期
VII 成人期	生成 対 自己停滞	職場や家庭での分業と協同	教育と伝統の流れ	世話をする	
VIII 老年期	統合性 対 絶望	人類	知恵	存在しなくなることに直面 人類との一体感	

（Erikson, 1959 をもとに作成）

フ・サイクルについては，トピックス7-3に図式化して示してある。

② 第1期：乳児期（0〜1.5歳）

精神分析学者エリクソンは，乳児は生まれた後，初めて関係をもつ母親（的存在）を通して世の中全体を知り，人間全般に対する信頼感をもつことになるとしている（トピックス7-3）。このため，もし母親が適切に対応しなかった場合，信頼感を身につけることはできずに，世の中や人間に対する不信感をもってしまう。一方，過度の保護は甘え的性格を形成する。この信頼感と不信感はその人の基本的な性格となり，生涯もち続けることになる。この時期は精神分析の提唱者フロイトによれば，口唇愛期で，性的欲求のリビドーが乳を受ける口や唇に集中している時期である。フロイトは，性欲発達と性格形成を次のように関係づけている。

◆フロイトの性欲発達と性格形成◆

発達段階	年齢（歳）	性的快感の対象	固着した場合の性格
口唇愛期	0〜1	乳房からの授乳	甘え，依存的，無力感
肛門愛期	1〜3	排尿便	几帳面，節約家，頑固
男根期	3〜6	幼児の性欲	虚栄的，攻撃的，消極的
潜伏期	6〜12	性的体験や関心は抑圧される	

母子間の乳幼児期における愛着行動については，ボルビィが，その重要性を提唱し，エインズワースが，それを独特の実験場面で実証している（トピックス7-4）。

③ 第2期：幼児期（1.5〜3歳）

精神分析の発達理論では，1.5〜3歳の幼児にとって，最も大きな課題は，トイレット・トレーニングだとしている。おむつをはずす訓練は，親子の共同作業となる。幼児は，それまでは気ままにしていた排尿便を，自らの意志で我慢したり，またトイレでは積極的に出そうとする。心理的にいえば，自分の心

トピックス 7-4

母親が見えなくなったとき，どう行動するか

●ボルビィの愛着関係の三つの型●

　乳幼児の母親への愛着行動の提唱者ボルビィの共同研究者エインズワースは，ボルビィの理論に基づいた母子の愛着関係の実験的研究を進めた。実験は，母親と1歳児の行動を観察するための下図のようなストレンジ状況を設定した。ストレンジ状況とは最初，母子が一緒にいて，その後，いったん母親がいなくなる，その後，母親が戻って来るという状況である。そして，母親が出入りするときの乳児の反応を調べた。その結果から愛着反応を見ると，母親に対する子の反応には，次の安定型，回避型，葛藤型の三つの型があることが確認できた。

（1）安定型

　母親がいなくなると不安になり，戻ると愛着を示し母親に近づきしがみつき，安心し，その後は母親を安全基地として，活動を始める（全体の75%の子ども）。

（2）回避型

　母親がいてもいなくても，自分のペースで活動している（全体の15%の子ども）。

（3）葛藤型

　母親がいなくなると不安を示すが戻って来たときは攻撃的になる。（全体の10%の子ども）

　エインズワースは，日頃の母親の対応が，子どもの愛着型を決めるとし，子どもへの対応の仕方が重要であるとした。

　ボルビィとエインズワースの母子関係の研究は，母子の愛着行動の関係への発達心理学の見方を大きく変えた。しかし，ボルビィの考えはあまりに母親との関係を重視し，エインズワースは愛着の型を固定的に考えすぎている点で批判も少なくない。

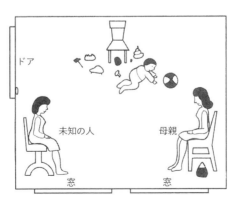

図　未知状況手続きにおける人の位置（一定時間後，母親が退出する）

で，自分の身体をコントロールしようとすることの第一歩となる。これがうまく成功すると，自らを律することができたということで，自律心が身につく。逆になかなかできないと，自律についての不安が残ってしまう。

第1期で信頼関係が成立していれば，子どもは母親からの要求に一生懸命応えようとする。しかし，もし肛門括約筋など身体的条件が整っていなかったり，母親の要求があまりにも性急だったりすると，要求にうまく応えることができない。そんなとき，幼児は強い羞恥心を感じ，以後の人生においても恥を強く意識するようになるとされている。日本文化は恥の文化といわれてきたが，日本のトイレット・トレーニングは他の国に比べて時期が早く，また母親がこのことに熱心すぎるのが原因という説もある。

ボルビィは，人間性の発達にとって乳幼児期の母親との絆が最も大事であるとし，独自の愛着（アタッチメント）理論を提唱した。その根幹は，母子の愛着は，赤ちゃんが母親から授乳されるからといった報酬による形成ではなく，進化的に生来，母と子に組み込まれているプログラムがあるからだとした。赤ちゃんは無力で生まれてくるため，生き延びるために，母親に対してしがみつく，吸う，見つめる，笑う，泣く，近づくなどの行動を生来的に行い，母親もそれに応え，世話するようにプログラムされている。これらの行動は，最初3カ月くらいは誰に対しても行われるが，6カ月を過ぎると主に母親に対して行うようになり，2〜3年かけて，母子の絆は強力になり，幼児の不安を取り除き安心させることになる。そして，この愛着関係が強固な結びつきを形成し，その後の対人関係の基盤となるとした。このため，もし，乳幼児期の2，3年の間に母親が不在だと健全な発達が阻害され，成長の大きな障害になるとした。そして，ボルビィはこの母親喪失（マターナル・デプリベーション）を社会的問題としてとらえ，施設などの現実場面での実践的展開も行っている。

▌④ 心の理論の発達

近年発達心理学で，他の人の心を読むことができるという能力を人間特有の能力として，それを「心の理論」と呼び，その能力の発達が注目されている。

トピックス 7-5

ビー玉はどこにあるか

●「心の理論」の実験●

　心の理論の研究は，最初，動物行動学者により始められた。チンパンジーは人と同じように，心をもっているか，という研究に端を発している。

　その後，心理学者により，幼児の心の理論の発達が研究されたが，この心の理論が注目されたのは，バロン＝コーエンらの，自閉症児は心の理論が欠けているのではないかという問いかけと実証的研究であった。彼らは，実験に独特の誤信念課題を用い，自閉症児のマインドブラインドネス（心の理論がないこと）を実証した。誤信念課題の代表的課題はサリーとアン課題と呼ばれる課題である（右図）。幼児は，2人の少女サリーとアンの次のような人形劇を見せられる。サリーは，ビー玉を部屋にあるバスケットに入れ，その後，部屋を出る。そのとき，部屋にいたアンは，そのビー玉を自分の箱に入れる。その後，サリーが戻ってくる。これを見ていた幼児に，「戻って来たサリーはビー玉を探すとき，どこを探すか」と問う。3歳児は，アンの箱と答えるが，4, 5歳児は，元のバスケットと答える。この年齢では，すでに心の理論が獲得されているからである。ところが自閉症児は，この答が得られない。彼らは，それは，自閉症児は，心の理論が獲得されていないからだと考え，自閉症研究の新しい視点を展開した。彼らは，人の発達における共感性の獲得の重要性を指摘している。

図　サリーとアン課題

たとえば，レストランで食事をしているとき，突然，客の1人が声をあらげたとする。それを目にしたとき，私たちはどうしてあんな行動をしたんだろう，と考える。さらに，ウェイターを見て，客を見て，そのときのその人たちの心の動きを考える。つまり，人の心を読む。そのときの人の心を読む心の働きや能力を心の理論と呼ぶ。

心の理論とは，他の人も自分と同じように心をもっていて，その心によって，ものを見て，感じて，意図して，行動している，と考え，他の人の心を読み，類推する能力を指す。この心の理論が生まれるのは，発達的に4歳児くらいからで，それ以前は，他の人の心は理解できない。そのことが実験などで明らかにされている（トピックス7-5）。

⑤ 第3期：児童期（3〜6歳）

3歳を過ぎると，子どもは，心身とも発達し，しっかりとした児童となり，子どもなりに自立し，自律的に活動できるようになってくる。

精神分析的に見ると，性的に積極的になり，リビドーは異性に向かう。その対象は，トピックス6-1に示したように，一番身近で愛情を感じている異性の親となる。男子は母親に，女子は父親にリビドーが向けられる。こうして，男子にはエディプス・コンプレックス，女子にはエレクトラ・コンプレックスが生じ，同時に，父親，母親への同一視により，男子はより男らしく，女子はより女らしく成長していくとしている。また，罪悪感も生じることになり，精神分析では，この罪悪感が非常に強いと，成人になっても，無意義の罪の意識に悩まされるとしている。西欧社会においては特にこのエディプス・コンプレックスが青年期以降の人格形成に大きな影響を与えるとされている。

⑥ 第4期：学童期（6〜約12歳）

小学生になると，子どもは子どもとして完成され，学校や近隣社会の中で自由に活発に行動する。勉強に，スポーツに，芸術に，ゲームにと，それぞれ得意分野をつくり，そこで活動し，成果をあげていく。エリクソンによると，こ

トピックス 7-6

どっちの風船が多いか？　どっちの水が多いか？

●ピアジェの子どもの思考実験●

　ピアジェの理論は思考の発達研究に大きな影響を及ぼしている。ピアジェは，子どもの思考の発達について独創的な実験を行い，独自の理論を提唱している。そのうちの一つが幼児は直感的思考をするという理論である。子どもの思考は，大人と違い，見かけから受ける印象で判断する。直感的とは，見えたとおりという意味で，同じものでも見る角度を変えると，見かけが異なるので，それに影響されて判断も変わるということである。ピアジェは子どもは保存概念が確立していないので，直感に大きな影響を受けるとしている。たとえば下図の二つの風船群，どちらが多いだろう？　大人にはばかげた質問だが，子どもに聞くと，左側の方が多いと答える。直感的に見ると，左側の方が幅が広いので多いと見えるのである。

　ピアジェは次のような有名な実験も行っている。まず，下図のように，同じ量の水を二つの同じコップ A と B に入れて，同じ量であることを子どもに確認させる。次に，一方のコップ B の水を縦長のコップ C に移して高く見えるようにして，「今度はどちらが多いか」と聞く。大人が考えると，これまたばかばかしい問題であるが，幼児は，移した水の方が多いと答えるのである。これは，見た目が高いのでそれに目をうばわれて多いと答えているのである。

　このことは，同じ量のものは形を変えても同じであるという保存の概念がその段階では成立していないことによるとしている。これはその子の知的能力を表しているのではない，とピアジェは考えている。4 歳児の思考形式が直感的な思考をしていることを示しているのである。

　ピアジェは，このような実験から，思考の発達段階理論を提唱したのである。

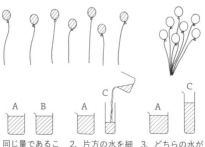

1. 同じ量であることを確かめる
2. 片方の水を細長い器へ移す
3. どちらの水が多いか，問う

図　ピアジェの実験風景

の時期の課題は生産性であり，積極的に物事に取り組んで成果をあげていく。ただ，自分の得意の分野が見つからず，勉強もスポーツもできないとなると，劣等感をもってしまう。この時期は性的には潜在期とされ，性的リビドーの直接的な働きはないとされている。

この期間，認知や思考が発達し，道徳性も成長する。認知と思考の発達についてはピアジェが思考の発達的理論を提唱し，道徳の発達についてはコールバーグが道徳発達理論（トピックス 7-7）を展開している。

2◆ 思考の発達

フランスの心理学者ピアジェは，子どもの思考について独創的な実験（トピックス 7-6）と詳細な観察を行い，人間の思考の発達について独自の理論を提唱した。

ピアジェは，思考を同化作用と調節作用によって発達するとした。同化作用とは，外の世界の物事に接して，その知識を思考構造に取り入れることをいう。通常はこれでうまくいく。しかし，ある段階で，自分の思考構造では外の世界をうまく取り入れられなくなる。そのとき，自分の思考構造の方を調節して，新しい思考構造に変える。これによって外の事象にうまく対処できるようになる。これが調節作用である。ピアジェは幼児の思考から大人の思考までの思考構造の発達をこの同化作用と調節作用の連続としてとらえている。ピアジェの思考の発達段階は，下記の四つの段階に分けられる。

① 第 1 段階：感覚運動的段階（0〜2 歳）

この段階では，今，自分が見ているものや触れているものだけが，この世に存在していると考えている。ここでは，見えていないものは存在しない。このため，見えなくなったものを探し出そうとはしない。

トピックス 7-1

怒られるから従う，というのは道徳性のレベルが低い！

●コールバーグの道徳性の発達レベル●

コールバーグは 20 世紀後半，道徳性の発達という本来,哲学的,倫理学的テーマを実証心理学的アプローチで研究し，発達心理学に新しい領域をもたらした。コールバーグは，子どもたちに心理的ジレンマに陥るような問題を出して，その答え方から道徳性のレベルを判断した。

たとえば,「お金のない男の子が重病の母のために必要な薬を盗んだ，これは善いことか，悪いことか」といった問いである。子どもは，どう答えるだろうか。

コールバーグは，その答えの正解，不正解を問題にするのでなく，そのとき，どのように考えて判断を下したかという思考のプロセスを答えさせて，その考えの中に見える道徳性の性質を検討した。そして，その分析から人の道徳性の発達には 6 段階があると提唱している。その道徳性の発達段階は次のような三つのレベルの 6 段階である。

第 1 レベル：慣習（道徳）以前のレベル
第1段階：罰と服従への思考（行為が罰せられるか，ほめられるかで善悪を判断する）

第2段階：個人主義と交換の段階（行為を自分の欲求を満たすかどうか，で判断する）

第2レベル：慣習（外部道徳）レベル
第3段階：よい子志向（行為は相手を喜ばせるかどうかで判断する）

第4段階：法と秩序志向（行為は権威の尊厳と法の遵守が判断の基準となる）

第3レベル：脱慣習（内部道徳）レベル
第5段階：社会契約的法律志向（道徳は自分たちの合意の上で契約的に認め合う変更可能な基準であるとする）

第6段階：普遍的原理の段階（自分自身の良心や倫理により判断する）

コールバーグは，実証的研究を通して，道徳性は自分と社会との相互作用を通じて発達するとし，発達心理学の新しい分野を展開した。しかし，誰もがこの発達段階を上っていき，最上段階まで到達するわけではなく，第3レベルに達するのは 10% 強の人だけだとされている。

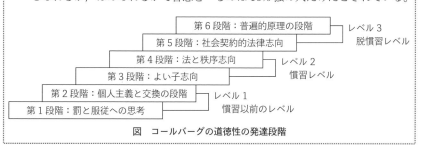

図　コールバーグの道徳性の発達段階

2) 第2段階：前操作的段階（2〜7，8歳）

この段階では，直接見えていないものも想像することができるようになる。そのため，イメージで遊ぶことが可能になる。この頃，盛んにごっこ遊び（親子ごっこやお店ごっこなど）が行われる。それができるのは，思考が，直接の対象物がなくてもイメージできるようになっているからである。絵が描けるようになるのもこの頃で，頭の中にその対象のイメージが浮かべられるから，描けるのである。

ただし，この段階の思考は，まだ外の見え方に強く影響される。ピアジェは，この段階の思考は直感的思考であるとし，この段階の思考を自己中心的思考と言っている。外の世界を客観的に見るのではなく，自分との関連で見ているからである。その典型的な例が，この年齢の子どもに見られるアニミズムである。子どもが，自分に生命や感情があるように，山にも花にも生命や感情があると思って「おひさまが笑っている」と言う。そのときの思考は，比喩ではなく，本当に笑っていると見えているのである。

3) 第3段階：具体的操作段階（7，8〜11，12歳）

ピアジェは，7，8歳になると，具体的な事象については操作が可能としている。ここでいう操作とは，物事の矛盾を整理し，いろいろな側面から見てその矛盾をなくすような，客観的で論理的な思考ができるようになるということである。この時期に，思考は，自己中心的思考から，客観的・論理的思考に移行していく。ピアジェはそれを脱中心化と呼んでいる。

4) 第4段階：形式的操作期（11，12歳〜）

この段階になると，具体的なことばかりでなく，抽象的な物事についても操作ができるようになり，ここで大人の思考構造となる。

ピアジェは，このような思考構造の変化や発達は，人類として生得的なもので，個人の知的能力とは関係がなく，年齢と共に発達し，変化していくとし

た。しかし，最近の研究では，思考には個人差や文化差があることが実証され
てきている。また，ピアジェの思考の発達段階についても，ピアジェの実験ど
おりに実験すると，そのとおり再現されるが，条件や状況を少し変えると異
なった結果が生じるため，その理論にも疑問が呈されている。現在では，ピア
ジェの発達論を踏まえ，多方面から思考構造の発達的研究がなされている。

3◆　青年期以降

1) 第5期：青年期（約12〜22歳）

　中高生になると，自我が芽生えるといわれる。それまで疑問に思わなかった
自分自身について考えるようになり，内省するようになる。つまり，自分を見
るもう1人の自分が，心の中に生まれる。典型的には，「私は誰なんだ」「私っ
ていったい何者だろう」「何のための生まれてきたのだろう」という哲学的問い
かけが自分自身に向けてなされ，それへの答を探す時期となる。このため，自
我が分裂の危機にさらされる。それに悩み，そこから自我同一性を模索し，最
終的に確立する時期となる。

　フロイトは性格形成において，発達初期，つまり第1期から第3期までを
重要視したが，エリクソンは，人生においてこの第5期を「自我同一性の危機」
と呼び，発達上最も重要視している。

　また，この時期は第2次性徴期で，身体的に急激に成長し，それに対して
自分自身でうまく対応できず，不安になる時期でもある。さらに性に目覚め，
対人心理的にも異性に対して関心が高くなり，一目惚れして自分でも驚くほど
興奮したり，夢中になったり，また，うまくいかないと落ち込んだりする。青
年期は，自分の成長への期待と不安の混ざり合った難しい時期といえる。

　自我防衛機制的に見ると，リビドーの昇華が行われる時期で，勉強やスポー
ツに集中する若者が多く見られる。一方，反社会的行動へのめり込む青年もい
る。この時期は人間関係的には，友人との関係が重視される。親から自立し，
また，親や大人社会に反発することがある。

② 第6期：初期成人期（約22〜30歳）

　青年期は自我同一性危機のため，関心が自分自身の内に向いているが，それが過ぎ，自我同一性が確立されると，初期成人期に入る。そこでは，一人の成人として関心は再び外の世界や他の人との人間関係に向かう。確立された自己に自信をもって，友人や仲間と連帯を目指し，親密な人間関係をつくることになる。異性関係では，心を許し合える恋人を求め，関係を深め，典型的には結婚し，家庭をつくり，連帯の核とする。連帯の核のつくり方はさまざまであるが，このとき連帯に失敗すると，孤独に陥ることになる。

③ 第7期：成人期（約30〜65歳）

　社会的に一人前になった成人の課題は，生み，そして育て，社会に貢献することである。典型的には職場で仕事をし，生産し，成果を上げ，社会に貢献し，後輩を育てる。また家庭では子どもを生み育て，社会に送り出す。このとき成人はただ与えるだけではない。職場生活や家庭生活を通して，成人自らが成長し，心理的にさらに大きくなっていく。

④ 第8期：老年期（約65歳〜）

　老年期に入ると，人は自分自身の生命の限界を知る。しかし，エリクソンは，自らが個を超えて，永続的世界に精神を融合できるとき，個人的死を超越できるとした。この時期，個としての自分は死滅しても，より大きな永遠の世界の中の個であることを知り，その世界に自分を統合することにより，個人としても，その後，充実した生活を生きることができる。しかし，人類との統合に失敗すると，絶望感にさいなまれることになるとしている。

　ただ，現在の，社会はエリクソンの時代よりも急速に高齢化が進み，その中での高齢者の生き方が問い直される時代になっている。発達心理学も，高齢者の個としての充実も生涯発達という視点から，よりポジティブに再検討されてきている。これまでの人類が経験したことのない社会の激しい変化の中で，一

人ひとりの生き方をどのように考えていくのかが新たなテーマとなってきているといえよう。

　ここまで，エリクソンのライフスタイルを中心に，人の発達過程を見てきた。しかし，現在の社会では，世の中は大きく変化し，個々人のライフスタイルにもこれまでにない変化が生じている。エリクソンの時代とは，社会環境が大きく異なっている。このため，エリクソンにより，提唱されている発達過程とは異なる人生課題に直面して，人生を過ごす青年，成人，老人も少なくない。その大きな変化は，社会における結婚や家族のあり方の変化とそれによる個々人の心理的社会的変化である。その動向は大規模な社会調査によっても明らかにされてきているがたとえば，最近では，初婚年齢は上がり，またシングル生活を楽しむ人も増えるなど，新しいライフスタイルが広がっている。特にSNS の発展やコンビニなどの充実により，人間関係のつくり方やあり方まで，大きく変化してきている。他方，そこで取り残され孤立し，苦悩する成人も増えている。これらへの対応も発達心理学の新しい課題といえよう。

第8章　対人と社会の心理

人は社会的である。人類は誕生以来，小さな群れをなし，さまざまな人間関係の中で適応し，何百万年を生きて自らの心理と行動を進化させてきている。人は基本的に，社会的動物であるが，かといって，アリやミツバチのように個体が完全に集団の歯車となっているわけではない。個人は自主性がある。ただ，私たちが通常考えているほど独立的ではない。個人個人は，独立した人間として独自の考えをもち，独自の行動をしているが，対人関係場面や集団の一員となると，個人の考えとは別の対人的・集団的心理が働き，それに応じた行動が意識的・無意識的にとられる。そういう場面が，日常社会生活では，思いのほか，多いのである。本章では，社会の中で生きる人間が，人との関係，集団との関係，組織との関係，社会全体との関係の中で，どのような心理をもち，どのような行動をとるかについて社会心理学の知見を見ていく。

1◆　対人行動による意見の変化

　社会心理学で最も有名な理論は，フェスティンガーの認知的不協和理論であろう。認知的不協和とは，自分がもつ複数の認知の間に，不協和がある心理状態，つまり自分の考えや行動の間に矛盾があることをいう。たとえば，フェスティンガーがあげている例でいうと，晴れているのに傘をもっている，といったときの矛盾，タバコは健康に悪いと知りつつ，タバコを吸うといった葛藤の心理を指す。自分の考えと考えの間，考えと行動の間に矛盾が生じているときを認知的不協和状態という。

　この理論の前提は，人はいろいろな認知（知識や意見）をもっているが，それらの間の関係は，たいていは，①互いに調和している協和関係か，②互いに無関係である。しかし，時には③互いに矛盾している不協和関係のときもある。

　①は認知間が矛盾なく調和しているので，心理的に安定しており，心理状態は快である。②の無関係の知識は，そのまま併在しているが何の問題もない。問題は，③の認知同士が互いに矛盾する関係の場合である。この場合は，心理的に不安定で不快な状態となる。このため，この状態を解消し協和関係に移ろ

うとする動機づけが働く。ここで，不協和解消のための心理的メカニズムが生じ，意識的あるいは無意識的に意見か行動を変えることになる。これが不協和理論のポイントである。たとえば，自分の考えと行動が矛盾している場合に不協和が生じるが，不協和理論では，その不協和を解消するために次の 3 通りの方法があるとしている。

◆考えと行動の不協和状態の解消方法◆

(1)　自分の考えに合わせて行動を変え，協和状態にする。

(2)　自分の考えと行動が矛盾していることに理由づけをして，不協和をなくす。

(3)　行動に合わせて自分の考えを変え，協和状態にする。

---

(1)の自分の考えに合わせ行動を変えるのは，最も行われやすい解消法であろう。通常，人は，考えに沿って行動しているので，もし，考えと違った行動をしていたら，行動をその考えに合わせて変えるこの方法は，意識的にも利用される。(2)の特別の理由づけをするというのは，考えと行動に矛盾があっても，やむを得ない事情があるとすれば不快は解消される。たとえば，上司の命令だから仕方がない，お金がないからやむを得ないなどと自分以外の圧力を強調し，不協和状態を自らに納得させることである。フェスティンガーが注目したのは，(3)の行動に合わせて考えを変えることにより，不協和を解消するメカニズムである。考えと行動が矛盾した場合，考えを行動に合わせることにより，不協和をなくすという方法である。これは，常識に反するような現象であるが，行動が先行している場合，無意識に行われることがあるとしている。フェスティンガーとカールスミスはこのことを，トピックス 8-1 のような実験で証明し，当時，社会心理学者の注目を集めた。

2◆　対人的好意の心理

人間関係の心理の中で，最も関心が強いのは，好意的関係の形成であろう。誰も周りの人とは好意的人間関係をもちたい，人から好かれたい，また，人か

ら嫌われたくないと思っている。では，どうしたら人から好かれるのだろう
か。どうしたら嫌われないのだろうか。人と人との間の好意はどのようにして
生まれて，深まるのであろうか。対人心理学では，相手に魅力を感じ，好意が
生まれ，親密な関係が形成される状況や条件，そのプロセスについて対人魅力
として研究している。ここでは，好意が生まれる五つの基本的な要因について
見ていく。

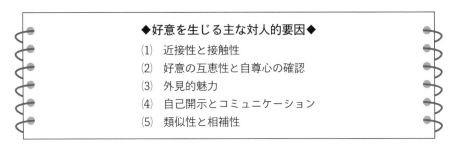

◆好意を生じる主な対人的要因◆
(1) 近接性と接触性
(2) 好意の互恵性と自尊心の確認
(3) 外見的魅力
(4) 自己開示とコミュニケーション
(5) 類似性と相補性

① 近接性と接触性

　人と人の出会いは通常，地理的物理的に近い人の間で始まる。学生は同じク
ラスやサークルで友人になり，社会人は同じ職場や仕事関係で仲間になる。ご
近所同士は，仲良くなる。生活行動圏が同じ人同士は顔を合わせる機会も多
く，一緒に仕事や活動をすることも多く，話をする機会も多い。そこで，関係
が生まれ，気が合えば，つき合い，さらに親密になり，一緒に行動することも
多くなろう。フェスティンガーらは，大学の学生寮の新入生を対象に近接性と
友人形成の調査を行い，実際に2人の間の空間的距離と友人形成とを調査し

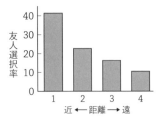

図 8-1　住居間の距離と友人選択
(Festinger et al,, 1950 をもとに作成)

トピックス 8-1

報酬が少ない方が，意見は変わりやすい？

●認知的不協和理論の実験●

この実験は，まず実験参加者に「作業の心理学的研究」という目的で，単純で退屈な作業を約 1 時間やってもらう。これで表向きの実験は終了する。そのとき，実験者は実験参加者に，アルバイトの実験助手が休んだので，その代わりをやってくれないかと依頼する。バイト代は 1 ドル（別の学生には 20 ドル）払うと言う。この助手の仕事は，今やった作業の内容を次の実験参加者に伝えることであるが，「これからやる作業が大変楽しくて興味深いものである」として説明してくれと頼む。

こうして実験参加者は，次の人に実際に今自分がやった，退屈で単純な作業を"楽しくて面白い作業"と説明することになる。この実験の本当の目的は，この実験参加者の心理的変化である。自分の考え（作業は退屈）と自分が相手に言っていること（作業は楽しい）とが正反対であるため，不協和状態に陥る。

不協和理論によると，不協和解消方法としては，①自分の行動を変える，②別の解釈を考える，③自分の意見を変えるの三つである。しかし，この実験の参加者はすでに行動してしまっているので，②か③となる。その場合，アルバイト代（報酬）が大きいと，②のように，これは報酬のための行動だと納得できる。しかし，報酬が少ない場合，この理由が成り立ちにくい。となると，③の解消方法ということになる。

つまり，自分が次の人に話している考え（作業は楽しい）は，元々自分がもっていた考えだと考える。そうすれば，そこに不協和はなくなる。

実際，実験の結果，少ない報酬の実験参加者は，説明後，実験で行った作業について聞かれると，作業は結構面白い作業だった，また機会があれば実験に参加したい，と答えたのである。

報酬が少ないほど意見変化が起こりやすくなるというのは，一見常識に反するが，それが事実であることをフェスティンガーは不協和理論で明確に説明し，また実験で証明したのである。

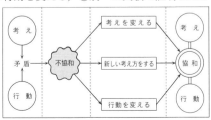

図　不協和の発生と解消のプロセス

ている。その結果，2人が隣部屋など距離が近ければ近いほど，友人になりやすいことを実証している（図8-1）。

現在では SNS が発達しているため，物理的距離が離れていても，情報交換の容易さが知り合うきっかけになる場合も少なくないが，情報交換の容易さも，一つの関係の近さと考えられる。それでも，さらに親しくなろうとすると，直接会うことになろう。

一般に，人は，知り合い，話をし，交流することにより，互いに好意が生まれる，これを相互作用効果と呼んでいる。しかし，ザイアンスは，単に顔を何回か見たということだけで，相手に好意をもつようになると考え，それを，単純接触効果と呼び，トピックス8-2で示す実験でそれを実証している。

■2）好意の互恵性と自尊心の確認

人は，自分を好きな人を好きになる，これを好意の返報性あるいは互恵性と呼ぶ。対人関係では，この傾向が非常に強いので，相手から好意を示されれば，その人を好きになる。そして，相手に好意を示せば，好意が返されることが多い，このため，ある人に好かれたいと思ったら，この法則に従い，その人に好意を示せば大方，好かれることになる。よい人間関係を形成しようと思ったら，相手の好意を待つのではなく，相手の人に好意をもつことである。この関係は好意だけでなく，嫌悪でも同様で，相手から嫌われていると感じたら，その人に好意をもつことはなく，嫌悪感を強くもつ。嫌悪は，報復性をもつといえる。

好意を示すことと同様，相手をほめる，称賛するなど自尊心を満たすことが，相手からの好意を獲得しやすい。人は，自尊心を満足させたいという自尊欲求あるいは，自己評価欲求を強くもっていて，この欲求は，主に人からほめられることにより満たされる。しかし，そう簡単には人はほめてくれない。そのため，欲求が満たされず，希求している。そんなとき，自分をほめ，称賛してくれる人がいたら，その人に好意をもつことになるであろう。たとえば職場の上司がゴマすり部下を好きなのは，この理由による。ほめ言葉は，相手から

トピックス 8-2

顔を見た回数が多いだけで好きになる

●好意の単なる接触効果●

　ある人を何回も見ると，ただ何度も顔を見たということだけで，その人に好意をもつようになる。ザイアンスはこの効果を，単純接触効果と呼んでいる。一般には，人は相互作用し，お互いから社会的支持や是認の報酬が得られれば，お互いが好意をもつとされている。これに対してザイアンスの理論は，単に見ることを繰り返すだけで好意が生じるとし，次のような実験を行った。

　実験参加者は大学生で，実験は，顔写真のスライドを何回か見て，見知らぬ人の写真の顔をどのくらい覚えているかを見る記憶テストであると言われる。顔写真は，大学の古い年鑑から取り出した学生の顔写真で，12 枚を選んで実験材料とした。実験の手続きは，そのうちの10 枚の顔写真をランダムに 86 回提示した。提示時間は各回 2 秒である。ただし，提示回数を写真により変えた。提示回数は，25 回，10 回，5 回，2 回，1 回が各 2 枚ずつである。

　提示終了後，記憶テストとして提示していない 2 枚も加えた 12 枚で各写真の記憶を調査した。そのとき，各写真の人に対する好意度も調査した。この実験の本当の目的は，顔写真を見る回数と好意度との関係を見るための実験である。そ

れゆえ，ここでは記憶の結果よりも，好意度の方が重要なデータである。

　実験の結果，何回も見た顔写真に対して好意をもつこと，しかも，提示回数が多ければ多いほど，ほぼ直線的に好意度が高くなることが実証された（図参照）。なかには好意度が下がる写真も若干あったが，大半は顔のルックスと関係なく，単に多く接触するだけで，つまり顔を何度も見ただけで，その人に無意識のうちに好意をもつようになっていたのである。

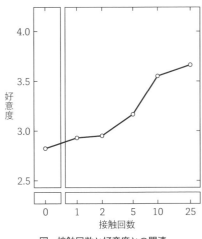

図　接触回数と好意度との関連
(Zajonc, 1968)

好意を得るための，代表的な自己呈示の方法である。

③ 外見の魅力

　ルックスのよい人は多くの人から好まれる。男性は美人が好きで，それを公言する。女性も，昨今はイケメンが好みと言い，ルックス重視を隠さなくなってきている。

　ルックスがよいことは，それ自体が美的に魅力的であり，それを目にした人は快さを感じる。また，その身体的特徴からのイメージがその人の内面，つまり性格も同じイメージであると連想させる。このため，美しい人は心の内も美しいと思い，好意をもつことになる。ただ，嫉妬心を生むこともある。

　男女の恋愛関係では特にルックスが重視され，恋愛話では，男女とも，ルックスが話題となる。インスタグラムが流行している今，写真を交換することも多い。ウォルスターらは新入生ダンスパーティ実験において，男子も女子も，自身の身体的魅力に関係なく，デートの相手として身体的魅力に優れた相手を望むことをフィールド調査で実証した。もちろん，それだけでその後のデートがうまく進むというわけではないが，出会いの始め，デートの始めにはルックスが大きな決め手になることを明らかにしている。

④ 自己開示とコミュニケーション

　出会った2人が，関係を親密化させるのに極めて重要なのが，相互のコミュニケーションである。コミュニケーションには，言語的コミュニケーションと非言語的コミュニケーションがあるが，いずれも親密化には大事である。

　言語的コミュニケーションとは会話やメールのやりとりのことで，2人が話し，言葉で互いの気持ちを理解することである。2人は話すごとに親密になり，特に話す内容が互いの気持ちや立場，生い立ち，境遇など，自己開示をした場合，互いの好意が増す。自己開示とは，文字どおり，自分のことについて心を開き，話すことを指す。自己開示を受けた人は，自分が信頼されていることを知り，親身になり，その話を心から受け止め，共感し，共有する。同時に自分

	自分は知っている	自分は知らない
他の人は知っている	開放の窓 （Open self） 自分も他の人も知っている自分	盲点の窓 （Blind self） 自分は知らないが， 他の人は知っている自分
他の人は知らない	秘密の窓 （Hidden self） 自分は知っているが， 他の人は知らない自分	未知の窓 （Unknown self） 自分も知らない， 他の人も知らない自分

図 8-2　ジョハリの窓

も，心を開き，自分の内面を相手に伝えたくなる。自己開示はこのように返報的傾向をもつ。特に，初期の人間関係においては，相互に同レベルの自己開示をして，好意を深めていくことが，関係を親密化するのに大きな働きをする。お互いが自己開示しようとするとき，ジョンとハリスが考案した図 8-2 に示すジョハリの窓が参考になろう。

　非言語的コミュニケーションとは，第 2 章で述べたように，表情やボディタッチなど身体を使ってのコミュニケーションである。笑顔の交換や触れ合いなどが，2 人の関係の親密化には大きな働きをする。そのことも社会心理学の実験や調査で明らかにされている。

5）類似性と相補性

　類は友を呼ぶ，ということわざのとおり，似た者同士はお互い好意をもつ傾向が強い。学校でも，職場でも何らかの，類似性，共通性，同一性をもった人同士が友人になり，仲間になっている。たとえば，出身地が同じ，出身校が同じ，興味や趣味が同じ，考えや行動が似ているなどである。実際，多くの人が，同窓会や趣味のサークル，スポーツクラブなどに参加しており，どの会合でも，メンバーの多くが和気あいあいとして仲がよく，盛り上がっている。

　バーンらは，対人心理学の実験において，さまざまな社会的事象に対して相

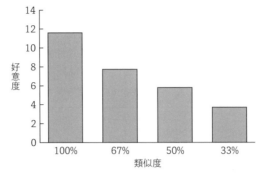

図 8-3　**類似率と好意度の関係**（Byne & Nelson, 1965 をもとに作成）

手の人と意見が類似していると，その人に対する好意度が増すことを詳細に調査している。その結果，類似する意見数が増せば増すほど，好意度も直線的に高まることを明らかにしている。このとき，大事なのは類似率であり，類似項目の数の多さよりも，類似している比率の方が重要で，比率 100% に近ければ近いほど，好意度が高くなることを明らかにした（図8-3 参照）。つまり，多くの点で類似していても，違っている点も多いとそれほど好きにはなれないということが示されたのである。

　ところで，世の中には，正反対の性格が逆にうまくいっている人たちもいる。真反対だからこそ，お互いにないところを補い合って，うまくいっているというカップルもいる。ちょうど歯車の歯が凸と凹でガッチリ組み合わされるような性格の組み合わせである。このような形で互いにひかれ合っている場合を，相補性による好意と呼ぶ。ただ，心理学の実証的研究では，類似性による好意は明確に実証されているが，相補性による好意はあまり実証されていない。

　では，なぜ人は自分と似ている人，自分と共通性をもっている人に好意をもつのであろうか。心理学では，社会的交換理論と認知的バランス理論（トピックス 8-3）から，このことを説明している。

　社会的交換理論とは，対人心理や行動を心理的報酬とコストの関係からみていくという考え方である。人は，報酬が高くコストが低い，いわばコスパのよ

トピックス 8-3

趣味の合う人同士は好きになる

●ハイダーのバランス理論●

　バランス理論の提唱者ハイダーによれば，人は，他の人や物事に対して好悪の感情をもっているが，それぞれの感情間の関係は一定のバランスをもっており，それが崩れると元の良いバランスに戻ろうとする力が働くとしている。この認知的バランス理論から，人は，自分と類似した人に好意をもつことが推定される。このバランス理論について，下図に沿って説明しよう。

　P は自分である。O は相手，X は話題で，ここではテニスとしよう。自分はテニスが好きだとする。初めて会った人（O）もテニス（X）が好きだと話す。テニスに対する 2 人の感情は好意的である。なので，図の矢印の符号は各々プラスの感情である。バランス理論によると，このようにある対象（テニス）に対

する 2 人の感情と，2 人の間の感情の三つの関係は，三角形の 3 辺の感情のプラス，マイナスの符号三つをかけ合わせた結果で決まるとしている。それがプラスのときにバランス状態で，マイナスのときは，インバランス状態であるとしている。そして，インバランス状態のときは，バランス状態になるように心理的力が働くというのである。図の (a) でいうと，すでに 2 辺の符号がプラスなので，残る 1 辺の符号はバランスを考えるとプラスとなる。つまり，相手に対する自分の感情がプラスになる，好意をもつことになるというのである。また，すでに 3 辺の符号が決まっていて，かけ合わせた結果がマイナスの場合 (b)，図のようにどこかの辺の符号を変えるように心理的に動機づけられるとしている。

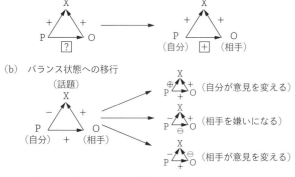

図　ハイダーのバランス理論（Heider, 1958 をもとに作成）

い行動を選ぶが，それを提供してくれる人に好意をもつという経済合理主義的な考えをもっている。この考えによれば，意見が類似した人とは話が合い，話が合うと気持ちがよい，つまり快感をもたらしてくれる，これは心理的報酬である。このため，好意をもつことになるのである。また，自分の考えを支持してくれることになるので，自尊心も満たされる。これも大きな心理的報酬である。さらに，同好の士は，趣味やスポーツを一緒に楽しむことができる。1人ではテニスもサッカーも楽しめない。同好の士は互いに互いを必要とし，互いに役に立ち，それが心理的に報酬をもたらす。このため，社会的交換理論では，そのような同好の士に好意をもつと考える。

3◆ 援助の心理と行動

　人は困っている人を助ける。特に，それが家族や友人なら，自分を犠牲にしてまでも援助行動を行う。人を助ける行動は対人的で社会的である。社会心理学では，これを向社会的（プロソーシャル）行動と呼ぶ。困っている人を助けるのは当たり前と言うかもしれないが，しかし，人は状況により，人を援助したり，しなかったりする。どんなときでも援助するわけではない。そのことが，社会心理学の援助行動の研究で明らかにされてきている。ここでは，状況と援助行動の心理についての研究を見ていく。

　社会心理学における援助行動の研究は，1964年にニューヨークで起こった殺人事件に端を発している。それは深夜，帰宅途中の女性が暴漢に襲われ，殺された事件である。問題は，女性が大声で悲鳴をあげ助けを呼び，周辺のマンションの住人はそれに気づいていたが，誰ひとり助けに出ず，女性は命を落としてしまったことである。目撃者が多かったにもかかわらず，傍観していただけであることが後に明らかとなった。新聞はそれを都会人の冷たさの表れと非難した（図8-4）。

　しかし，社会心理学者のダーリーとラタネは，そうではないと反論した。目撃者が多かったにもかかわらず，誰も援助しなかったのではなく，目撃者が多

トピックス 8-4

誰かが助けるだろう，は誰も助けない

●援助と責任拡散の実験●

　ダーリーとラタネは，ニューヨークの殺人事件を検討し，目撃者が多いと誰もが援助行動をしないという逆説的考えを提唱し，それを傍観者効果と呼んだ。そして，そのことを実験で証明した。

　実験参加者には「電話による情報交換の実験である」と伝えられる。参加人数は実験条件により，2 人か，3 人か，6 人であると伝えられる。実験参加者同士は，各ボックスにある電話を使ってお互い情報を交換し，グループで課題を解決するようにと言われる。課題は，大学生活についてである。対話は 1 対 1 に限られている。実験開始とともに，お互い電話で情報交換を始める。しかし，実験が始まりしばらくしたとき，突然，相手の対話者が，電話の先で「ウー」とうめき声をあげるのが聞こえる。それに続き，「苦しい，心臓発作だ，助けてくれ」と叫ぶ。それを聞いたとき，その対話者は，どう対応するだろうか。

　この実験の本当の目的は，このような緊急事態で，実験参加者が緊急の援助行動をすぐに行うかどうかを見ることであった。対話グループの人数が，2 人，3 人，6 人で行われたのは，傍観者の人数効果を見るためである。各々のグループで，実験参加者が事態の急変を実験者に報告するまでの時間が測定された。

　実験の結果，1 分以内に緊急事態を実験者に報告した人の比率は，2 人条件で 85%，3 人条件で 62%，6 人条件で 31% であった。つまり，2 人だけのグループの場合，大半が相手の急変をすぐに実験者に連絡した。しかし 6 人グループでは，すぐに連絡した人は 3 分の 1 であった。最終的に連絡しなかった人も 3 分の 1 以上いたのである。

　一般には，人が多ければ，援助者も多いだろうと思われるが，この実験では，参加者が多いと，援助行動が躊躇されたのである。周りに他の人がいると，誰かが助けるだろうと思うのである。しかし，みんながそう思うと，結局誰も助けないことになる。この実験は，常識に反して，援助可能な傍観者の人数が多くなればなるほど責任が分散し，援助行動が起こりにくくなることを明らかにした。

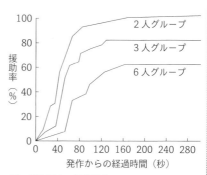

図　**援助反応の累積分布** (Darley & Latané, 1968 をもとに作成)

図 8-4 キティ・ジェノベーゼ殺人事件の現場（数字は事件の発生場所を時間を追っ
　　　　て表している。①で襲われ，②に逃げ，③へ戻り，④で殺された）
　　　　　　　　　　　　　　　　　　　　（ニューヨーク・タイムズ，Baum et al., 1985）

かったから，誰も助けなかったというのが真実だと，逆説を主張した。そし
て，常識を覆すようなこの考えを，実験を通して証明してみせたのである。そ
の実験については，トピックス 8-4 に詳述してある。

　その心理メカニズムは，人は周りに大勢の人がいると，誰かが助けるだろう
と考えてしまい，「責任の分散」の心理が生じ，全員がそう考えると結局は誰も
助けないことになるとしている。また，他の人が何もしないのに自分が行動を
起こすのは恥ずかしいし，その行動が間違った行動かもしれないという羞恥心
や疑念が働くので，行動が抑えられてしまうという説明もされている。

　援助行動の研究は，人はなぜ助けないのかという疑問から始まったが，現在
では，人はなぜ，自分を犠牲にしてまでも，人を助けようとするのかという視
点からも研究されている。人は元来，社会的動物なので，援助本能があり，共
感を感じた人に援助する傾向を強くもっているといえる。進化心理学的にいえ
ば人類は，原始時代の部族を結束して，相互援助によって，厳しいサバンナで
も生き延び，サバイバルしてきたといえよう。また，その高い知性から状況を

トピックス 8-5

専制的リーダーシップはいじめを生む

●集団雰囲気の実験的研究●

ドイツのユダヤ人心理学者レヴィンは，1935年にナチから逃れ，アメリカに亡命した。そこで集団心理を解明するために，グループ・ダイナミクス（集団力学）を創設した。

レヴィンの代表的研究の一つは，そのナチを意識したリーダーシップと集団雰囲気の実験である。この実験で，リーダーのリーダーシップのとり方によって，集団の雰囲気が大きく変わることを実証している。子どもクラブの子どもたちを対象に，訓練された青年が次の二つのリーダー型で11回の会合を指導した。

(1) **専制型リーダー**：すべての作業や行動をリーダーが指示，命令し，子どもには作業の全体は教えず，その場その場で必要なことだけを指示する。リーダーは作業には加わらない。特定の子をえこひいきし，成績の上がらない子どもには罰を与える。

(2) **民主型リーダー**：すべての作業や行動を一緒にみんなで話し合いながら決める。作業の全体像を全員に教え，励まし合い，ほめ合うように促す。リーダーも作業に加わる。

実験の結果，二つの集団の作業の生産性を比較すると，民主的リーダー型と専制的リーダー型の間にその時点での生産性の違いはなかった。しかし，集団の雰囲気や子どもたちの集団活動への満足度は，大きく違っていた。民主型リーダー

のもとでは雰囲気がよく，また子どもたちは集団の活動に満足していた。他方，専制型リーダーのもとでは不満が募っていた。その不満はリーダーに向けられないで，最も弱い子どもに向けられた。つまり，いじめが行われていたのである。図に示すように常にメンバーの攻撃行動が集中するスケープゴートが次々と現れては消えていた。

この実験により，専制的リーダーシップの集団よりも，民主的リーダーシップの集団の方が，メンバーにとって幸せであることが示された。

また，この実験から現在，社会的に問題視されているいじめの問題は，個人の問題である以上に，集団の雰囲気の問題であることが示唆されている。

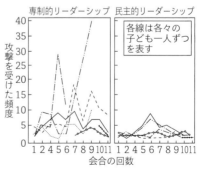

図　二つのリーダーシップの下での各児童が攻撃行動を受けた頻度の比較

(White et al., 1953 をもとに作成)

合理的に考え，社会交換的視点から報酬的な援助を行なうと考えられる。

4◆　同調行動

　人は集団の中で生き，集団の中で活かされている。人と集団の関係を研究しているのが集団心理学である。この分野はレヴィンにより，グループ・ダイナミクスとして創設され，集団内，集団間の成員の心理や行動，それに凝集性や集団生産性などが研究されている（トピックス 8-5）。

　その中の主要なテーマの一つに，集団圧力による同調行動がある。人は自分の行動は自分の考えに基づいて行っていると思っているが，それは 1 人のときのことで，集団や組織の中に入るとそうはいかない。誰でも経験があると思うが，会議などでは上司の意見や多数の人の意見に押されて，自分の意見が言えなかったり，自分の意見とは違う意見に同意したりすることが少なくない。これが集団圧力による同調行動である。

　アッシュはこの同調行動を，実験室実験により初めて実証した。そこでは，どのような状況下で集団圧力により意見同調が起こるかが条件統制されて研究された（トピックス 8-6）。その結果，集団が全員一致の場合，同調が生じやすいことが分かった。しかし，集団の中に反対者が 1 人でもいると同調行動は起こりにくくなるなどの研究成果も得られている。さらに，同調行動には，表面的に集団に意見を合わせているだけの私的承諾を伴わない同調行動と，内面の意見も集団の意見に変えてしまう私的承諾を伴う同調行動があり，これらを区別して，研究が進められている。

5◆　支配と服従の心理

　社会には多くの集団や組織があり，人は，集団や組織に所属し，その構成メンバーとなって活動している。集団や組織の中で構成メンバー同士には，上下関係や仲間関係，対立関係がある。メンバー同士互いに協力し合い，または対

トピックス **8-6**

みんなに合わせる同調心理

●集団圧力の実験●

アッシュは，集団の圧力による同調行動を，実験室実験で研究した。この実験的方法は当時，画期的で，以後の社会心理学の実験のモデルとなった。

この実験の実験参加者は，集団知覚実験であると言われる。実験室に入ると，部屋にはすでに5人の実験参加者がテーブルに着いている。そこで空いている最後の席に座る。そのときの実験室の風景は下図のようで，矢印の人が当の実験参加者である。各人の前には1〜6の番号札がある。彼の前には6番の札がある。

実験者は下図のような2枚のカードを見せ，左のカードの線と同じ長さの線を右のカードの3本の線から選ぶように言う。ただし，答えを書き取るので，1番の人から順番に声に出して答えさせる。全員が答え終わると2回目の課題に移り，長さを変えた同様の線分判断を20回行う。答える順番は常に同じで，6番目の人は，常に6番目に答えることになる。

さて，3回目に入ったとき，図に示されるようなカードが示される。見て分か

るように，正解はBである。ところが，1番の人は正解が「A」と答えた。2番目の人も「A」と答えた。さらに，3，4，5番目の人も「A」と答えた。それを聞いた後，6番目の人が答えることになる。このとき，何と答えるだろうか。その答えが，この実験の本当に見たいところである。実は，本当の参加者は6番目の人のみで，他の5人は実験の協力者であり，事前に実験者から，3回目の課題のときは全員が一致して誤答の「A」を正答として答えるように，と指示されていたのである。20回のうち「全員一致した誤答」を何回か行い，6番目の人がどの程度，集団の誤答に同調するかを見るのが，この実験の本当の目的である。

実験の結果，通常は間違わない問題に対して，約3分の1の回答が集団の圧力に合わせた誤答となった。また，全体の75%の人が，多かれ少なかれ集団の圧力に合わせた同調行動をした。この実験から，集団の圧力により，人は発言する意見を変えることが実証されたのである。

標準カード　比較カード

図　アッシュの同調行動の実験風景 (Asch, 1951 をもとに作成)

立し合い，さまざまな人間関係をもちながら，集団活動や組織行動を行っている。各々のメンバーの活動により集団や組織が維持され，発展し，また，崩壊していく。

集団や組織の中の人間関係には，大きく分けて次の二つの種類がある。

◆組織における人間関係の重要な2軸◆
(1)　好意・嫌悪的人間関係（インフォーマルなヨコの人間関係）
(2)　支配・服従的人間関係（フォーマルなタテの人間関係）

一つは，メンバー間の好意と嫌悪という感情的関係である。好きな者同士で仕事をしていると，どんな仕事でも楽しく，集団活動への満足度は高い。各々の集団や組織にとって，メンバー間が好意的であることが望まれる。しかし，対立したり，嫌い合ったりするメンバーがいない集団は少ない。好意の生起条件などについては，前述したが，組織維持にとってメンバー同士がいかに好意的人間関係をつくり上げ，対立的関係を少なくできるかが，重要な課題となる。

職場の人間関係のもう一つの軸は，支配・服従的人間関係である。組織は基本的に支配・服従的なフォーマルな人間関係を基本とする上意下達のピラミッド型である。このため，職場の人間関係においては，相手が，自分の上司であるか，部下であるかが極めて重要で，そこでの心理や行動は，上・下の地位関係により，大きな影響を受ける。組織の上司と部下の人間関係のあり方が，職場の活動やメンバーの心理に大きな影響を与える。日本の社会組織の大半は，タテの人間関係を重視する。そこでは，好悪の関係よりも，支配・服従関係が大きな影響を及ぼすことになる。社会心理学では，組織や集団内における支配と服従の研究が以前から進められている。その結果，たとえばトピックス 8-7 に紹介するミルグラムの実験などで，人は，思っている以上に組織の歯車として，権威の指示に服従的になることが明らかにされている。

トピックス 8-7

権威から指示されると，従ってしまう

●ミルグラムの服従実験●

この実験は，罰が記憶力を高めるかどうかを調べる，という目的で行われる。実験参加者は，未知の2人が1組になり，1人が先生役，1人が生徒役になる。先生役は生徒役に記憶問題を出し，もし生徒役が間違ったら，そのつど，罰として電気ショックを与えるように実験者から指示される。

まず2人は，隣りの生徒役の部屋に行く。そこで，生徒役は電極を手につけられ，椅子に縛りつけられる。先生役はその様子を見た後，元の実験室に戻り，実験者から渡されたテキストをもとに生徒役にマイクで問題を出し，パネル上のランプで答を待つ。そして答が間違っていたら，目の前にあるボタンを押し，電気ショックを与える。ただし，ここが問題であるが，実験者から，生徒役の人が一問間違うたびに電気ショックの強度を1目盛りずつ，つまり15ボルトずつ上げるように言われる。目の前の装置には15ボルトから450まで，15ボルトずつのボタンが1列に並んでいる。

さて，実験が進むと生徒役が間違える。それに応じ，先生役は電気ショックの強度を上げていく。しかし，100ボルトを超えて電気ショックを与えたとき，生徒役が「止めてくれ」と叫ぶ。そこでたいていの先生役は実験中止を実験者に申し出る。すると実験者は，「これは実験なので続けるように」と答える。そう指示され，実験を続行すると，生徒役はさらに苦しみや痛みを訴え，壁をドンドンと叩く。実験者は続行を指示する。生徒役が苦しんでいる声を聞くなかで，先生役はその指示にどこまで従うのであろうか。これが，この実験の本当の目的であった。結果は，実験者から続行を指示されると，なんと65%の人が，危険と書いてあるボタンを通り越して，最高強度450ボルトまで電気ショックを上げ続けたのである。途中で止めた人もかなりの強度まで上げた。このことは，人がいかに権威の指示や命令に服従的であるかを示した。この驚くような事実は実験でなければ確認できないことであった。しかし，また，社会心理学の実験がいかに問題をはらんでいるかも議論となり，疑義が出され，以後，このような実験は倫理上の問題があるとされ，行われなくなった。

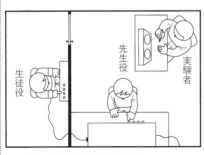

図　ミルグラムの実験状況
(Milgram, 1974 をもとに作成)

心理学の創設者たち──業績と分野

( )内は生年，〔 〕内は国名

フェヒナー（1801）
Fechner, G. T.〔独〕
『精神物理学』1860
精神物理学的測定法

ヴント（1832）
Wundt, W.〔独〕
心理学実験室開設, 1879
意識（要素構成）心理学

ジェームス（1842）
James, W.〔米〕
『心理学の諸原理』1890
意識（機能）心理学

パブロフ（1849）
Pavlov, I. P.〔露〕
条件反射実験, 1906
古典的条件付け

エビングハウス（1850）
Ebbinghaus, H.〔独〕
『記憶について』1885
記憶の実験的研究

フロイト（1856）
Freud, S.〔墺〕
『夢判断』1900
精神分析

アドラー（1870）
Adler, A.〔独→米〕
劣等感コンプレックス
個人心理学

マクドゥーガル（1871）
McDougall, W.〔英〕
『社会心理学入門』1908
行動の本能説

キャノン（1871）
Cannon, W. B.〔米〕
生理的ホメオスタシス
情緒の中枢神経説

ソーンダイク（1874）
Thorndike, E. L.〔米〕
道具的条件づけ
試行錯誤学習

ユング（1875）
Jung, C. G.〔スイス〕
内向・外向的性格
分析心理学

ワトソン（1878）
Watson, J, B.〔米〕
行動主義の提唱, 1912
学習心理学

ウェルトハイマー（1880）
Wertheimer, M.〔独〕
運動視の実験, 1912
ゲシュタルト心理学

ケーラー（1887）
Köhler, W.〔独→米〕
サルの洞察学習, 1917
ゲシュタルト心理学

マァレー（1893）
Murray, H. A.〔米〕
『パーソナリティ』1938
欲求-圧力仮説

ピアジェ（1896）
Piaget, J.〔スイス〕
思考の発達
幼児の自己中心性

ロジャーズ（1902）
Rogers, C. R.〔米〕
非指示カウンセリング
人間性の心理学

エリクソン（1902）
Erikson, E. H.〔独→米〕
青年期同一性危機
ライフ・サイクル

ローレンツ（1903）
Lorenz, K. Z.〔墺〕
『攻撃』1963
比較行動学

スキナー（1904）
Skinner, B. F.〔米〕
新行動主義, 1938
オペラント学習

キャッテル（1905）
Cattell, R. B.〔英〕
16PF
性格特性因子論

ハーロー（1905）
Harlow, H. F.〔米〕
小ザルの愛着行動の実験
スキンシップ

マズロー（1908）
Maslow, A. H.〔米〕
欲求の発達段階説
人間性の心理学

フェスティンガー（1919）
Festinger, L.〔米〕
認知的不協和理論
社会的比較理論

文　献

第 1 章

Gilovich, T., Griffin, D. & Kahneman, D. (Eds.) (2002) *Heuristics and biases*: *The psychology of intuitive judgment*. Cambridge University Press.

Gregory, R. L. (1971) *The intelligent eye*. Weidenfeld & Nicolson. 〔金子隆芳訳〈1972〉インテリジェント・アイ　みすず書房〕

Kahneman, D., Slovic, P. & Tversky, A. (Eds.) (1982) *Judgment under uncertainty*: *Heuristics and biases*. Cambridge University Press.

Kahneman, D. & Tversky, A. (Eds.) (2000) *Choices, values, and frames*. Cambridge University Press.

Kanisza, G. (1979) *Organization in vision*. Praeger. 〔野口薫監訳〈1985〉視覚の文法――ゲシュタルト知覚論　サイエンス社〕

Lindsay, P. H. & Norman, D. A. (1977) *Human information processing*: *An introduction to psychology*. 2nd ed. Academic Press.

Metzger, W. (1953) *Gesetze des Sehens*. Kramer. 〔盛永四郎訳〈1968〉視覚の法則　岩波書店〕

Michalko, M. (1991) *Thinkertoys*. Ten Speed Press. 〔齊藤勇監訳〈1997〉アイデアのおもちゃ箱――独創力を伸ばす発想トレーニング　ダイヤモンド社〕

大山正編 (1982) イメージの科学　別冊サイエンス　日経サイエンス社.

齊藤勇監修・行場次朗編 (1995) 認知心理学重要研究集 1　視覚認知　誠信書房.

Schiffman, H. R. (1982) *Sensation and perception*. 2nd ed. John Wiley & Sons.

Tversky, A. (2003) *Preference, belief, and similarity*: *Selected writings*. MIT Press.

Tversky, A. & Kahneman, D. (1971) Beliefs in the law of small numbers. *Psychological Bulletin*, 2, 105–110.

Tversky, A. & Kahneman, D. (1973) *Availability*: *A heuristic for judging frequency and probability*, cognitive psychology, *vol.4*. pp.207–232.

八木冕編 (1967) 心理学 I　培風館.

第 2 章

Crooks, R. L. & Stein, J. (1991) *Psychology*: *Science, behavior, and life*. Holt, Rinehart & Winston.

Ekman, P. (1973) *Darwin and facial expression*. Academic Press.

Ekman, P. & Friesen, W. V. (1975) *Unmasking the face*. Prentice-Hall. 〔工藤力訳編〈1987〉表情分析入門　誠信書房〕

Gazzaniga, M. S. & LeDoux, J. E. (1978) *The integrated mind*. Plenum Press. 〔柏原惠龍他訳〈1980〉二つの脳と一つの心　ミネルヴァ書房〕

Olds, J. (1956) Pleasure centers in the brain. *Scientific American*. **195**, 105–116.

Olds, J., & Milner, P. (1954) Positive reinforcement produced by electrical stimulation of septal area and other regions of rat brain. *Journal of Comparative and Physiological Psychology*, **47**, 419–427.

Plutchik, R. (1962) *The emotions*: *Facts, theories and a new modle*. Random House.

Plutchik, R. (1980) A general psychoevolutionary theory of emotion. In R. Plutchik & H. Kellerman (Eds.), *Theories of emotion*. Academic Press.

Roseman, Ira. (1984) Cognitive Determinants of Emotion. In P. Shaver (Ed.), *Review of Personality and Social Psychology*, *Vol. 5*. Sage. p. 31.

Rosenberg, B. G. & Langer, J. (1965) A study of postural-gestural communication. *Journal of Personality and Social Psychology*, **2**, 593–597.

齊藤勇編 (1986) 感情と人間関係の心理　川島書店.

齊藤勇著（1990）対人感情の心理学　誠信書房.

Sarbin, T. R. & Hardyck, C. R.（1955）Conformance in role perception as a personality variable. *Journal of Consulting Psychology*, **19**, 109–111.

Seligman, M. E. P.（2011）*Flourish: A visionary new understanding of happiness and well-being, and how to achieve them.* Ink Well Management.〔宇野カオリ監訳〈2014〉ポジティブ心理学の挑戦——“幸福”から“持続的幸福”へ　ディスカヴァー・トゥエンティワン〕

Schachter, S. & Singer, J.（1962）Cognitive, social and physiological determinants of emotional state. *Psychological Review*, **69**, 379–399.

Sperry, R. W.（1968）*Mental unity following surgical disconnection of the cerebral hemispheres.* Academic Press.

Thayer, S. & Schiff, W.（1969）Stimulus factors in observer judgement of social interaction: Facial expression and motion pattern. *American Journal of Psychology*, **82**, 73–85.

Torrey, T. W.（1963）*Morphogenesis of vertebrates.* John Wiley.

第３章

Atkinson, J. W. & Litwin, G. H.（1960）The achievement motive and test anxiety concieved as motive to approach success and motive to avoid failure. *Journal of Abnormal and Social Psychology*, **60**, 27–36.

Bandura, A.（1997）*Self-efficacy: The exercise of control.* W.H. Freeman〔本明寛・野口京子監訳〈1997〉激動社会の中の自己効力　金子書房〕

Deci, E. L.（1980）*The psychology of self-determination.* D. C. Heath & Company.

Dement, W., & Kleitman, N.（1957）The relation of eye movements during sleep to dream activity: An objective method for the study of dreaming. *Journal of Experimental Psychology*, **53**, 5, 339–346.

Hollander, E. P.（1967）*Principles and methods of social psychology.* Oxford University Press.

Kunst-Wilson, W. R. & Zajonc, R. B.（1980）Affective discrimination of stimuli that cannot be recognized. *Science*, **207**, 557–558.

Lewin, K.（1935）*A dynamic theory of personality.* McGraw-Hill.〔相良守次・小川隆訳〈1959〉パーソナリティの力学説　岩波書店〕

Lorenz, K.（1963）*Das sogenannte Böse.* Borotha-Schoeler.〔日高敏隆・久保和彦訳〈1985〉攻撃——悪の自然誌　みすず書房〕

Maslow, A. H.（1970）*Motivation and personality.* Harper & Row.〔小口忠彦訳〈1987〉人間性の心理学　産業能率短大出版〕

McClelland, D. C., Atkinson, J. W., Clark, R. A. & Lowell, E. L.（1953）*The achievement motive.* Appleton-Century-Crofts.

Mischel, W., Ebbesen, E. B., & Raskoff Zeiss, A.（1972）Cognitive and attentional mechanisms in delay of gratification. *Journal of Personality and Social Psychology*, **21**, 204–218.

Murray, H. A.（1938）*Explorations in personality.* Oxford University Press.〔外林大作訳〈1961–1962〉パーソナリティⅠ・Ⅱ　誠信書房〕

Schachter, S.（1959）*The psychology of affiliation.* Stanford University Press.

Seligman, M. E., & Maier, S. F.（1967）Failure to escape traumatic shock. *Journal of Experimental Psychology*, **74**, 1–9.

Weiner, B., Heckhausen, H., Mayer, W. U. & Cook, R. E.（1972）Causal ascriptions and achievement behavior: A conceptual analysis of effort and reanalysis of locus of control. *Journal of Personality and Social Psychology*, **21**, 239–248.

第４章

Ballard, P. B.（1913）Oblivescence and reminiscence. *British Journal of Psychology Monograph Supplements*, **1**, 1–82.

Bandura, A., Ross, D. & Ross, S. A.（1963）Imitation of film-mediated aggression models. *Journal of Abnormal and Social Psychology*, **66**, 3–11.

Bandura, A.（1977）*Social learning theory*. Prentice-Hall.〔原野広太郎監訳〈1980〉社会的学習理論 金子書房〕

Carmichael, L. L., Horgan, H. P. & Walter, A. A.（1932）An experimental study of the effect of language on the reproduction of visually perceived form. *Journal of Experimental Psychology*, **15**, 73-86.

Carey, B.（2014）*How we learn: The surprising truth about when, where, and why it happens*. Random House.〔花塚恵訳〈2015〉脳が認める勉強法——「学習の科学」が明かす驚きの真実！ ダイヤモンド社〕

Ebbinghaus, H.（1885）*Memory: A contribution to experimental psychology*.（Trans., by Ruger, H. A. & Bussenius, C. E. Dover Publications. 1913, 1964）.〔宇津木保訳・望月衛閲〈1978〉記憶について 誠信書房〕

Ellenbogen, J. M., Hu, P. T., Payne, J. D., Titone, D., & Walker, M. P.（2007）Human relational memory requires time and sleep. *PNAS*, **104**, 7723-7728.

Godden, D. R. & Baddeley, A. D.（1975）Context-dependent memory in two natural environments: On land and underwater. *British Journal of Psychology*, **66**, **3**, 325-331.

Hess, E. H.（1959）Imprinting. *Science*, **130**, 133-141.

Jahnke, J.（1965）Primacy and recency effects in serial-position curves of immediate recall. *Journal of Experimental Psychology*, **70**, 130-132.

Jenkins, J. G. & Dallenbach, K. M.（1924）Obliviscence during sleep and waking. *The American Journal of Psychology*, **35**, 605-612.

Loftus, E.F.（1979）*Eyewitness testimony*. Harvard University Press.〔西本武彦訳〈1987〉目撃者の証言 誠信書房〕

Loftus, G. R. & Loftus, E. F.（1976）*Human memory: The processing of information*. Erlbaum Press.〔大村彰道訳〈1980〉人間の記憶 東京大学出版会〕

Pavlov, I. P.（1927）*Conditioned reflexes: an investigation of the physiological activity of the cerebral cortex*. Oxford University Press.

Scoville, W. B., & Milner, B.（1957）Loss of recent memory after bilateral hippocampal lesions. *Journal of Neurology, Neurosurgery and Psychiatry*, **20**, 11-21.

齊藤勇監修・箱田裕司編（1996）認知心理学重要研究集2 記憶認知 誠信書房.

Skinner, B. F.（1938）*The behavior of organisms: Anexperimental analysis*. Appleton-Century.

Thorndike, E. L.（1911）*Animal intelligence: Experimental studies*. Macmillan.

Watson, J. B.（1930）*Behaviorism*. Norton.〔安田一郎訳〈1980〉行動主義の心理学 現代思想選6 河出書房新社〕

Wegner, D. M., Schneider, D. J., Carter, S. R., & White, T. L.（1987）Paradoxical effects of thought suppression. *Journal of Personality and Social Psychology*, **53**, 5-13.

Yerkes, R. M. & Morgulis, S.（1909）The method of Pavlov in animal psychology. *Psychological Bulletin*. **6**, 257-273.

Zeigarnik, A. V.（2007）Bluma Zeigarnik: A Memoir. *Gestalt Theory*, **29**, 256-268.

第5章

Back, A. T.（1911）Cognitive therapy. *American Psychologist*, **46**, 368-375.

Beck, A. T.（1987）Cognitive mode of depression. *Journal of Cognitive Psychotherapy*, **1**, 2-27.

Cattell, R. B.（1965）*The scientific analysis of personality*. Penguin Books.〔斎藤耕二・安塚俊行・米田弘枝訳〈1980〉パーソナリティの心理学 金子書房〕

Costa, P. T. Jr. & McCrae, R. P.（1988）Personality in adulthood: A six-year longitudinal study of self-reports and spouse ratings on the NEO personality inventory. *Journal of Personality and Social Psychology*, **54**, 853-863.

Ellis, A.（1944）*Reason and emotion in psychotherapy*. Carol Publishing Group.〔野口京子訳〈1999〉理性感情行動療法　金子書房〕

Ellis, A.（1999）*How to make yourself happy and remarkable less disturbable*. Impact Publishers.〔齊藤勇訳〈2000〉性格は変えられない，それでも人生は変えられる──エリス博士のセルフ・セラピー　ダイヤモンド社〕

Eysenck, H. J.（1959）*Maudsley personality inventory*.〔MPI 研究会編訳〈1964〉モーズレイ性格検査手引　誠信書房〕

Eysenck, H. J. & Rachman, S.（1965）*The cause and cures of neurosis*. Routledge & Kegan Paul.〔黒田実郎訳編〈1965〉神経症──その原因と治療　岩崎学術出版社〕

Gardner, H. E.（2000）*Intelligence reframed*: *Multiple intelligences for the 21st century*. Basic Books.〔松村暢隆訳〈2001〉MI──個性を生かす多重知能の理論　新曜社〕

Glass, G. V. & Kliegle, R. M.（1983）An apology for research integration in the study of psychotherapy. *Journal of Consulting and Clinical Psychology*, **31**, 28-41.

Goleman, D.（1996）*Emotional intelligence*: *Why it can matter more than IQ*. Bloomsbury Publishing PLC.〔土屋京子訳〈1998〉EQ──こころの知能指数　講談社〕

Koch, K.（1949）*Der Baumtest*. Huber.〔林勝造他訳〈1970〉バウム・テスト　日本文化科学社〕

Kretschmer, E.（1955）*Korperbau und Charakter*. Auflage〔相場均訳〈1960〉体格と性格　文光堂〕

述岡美延（1965）新性格検査法　日本心理テスト研究所.

Perls, F. S.（1971）*Gestalt Therapy Verbatim*. Bantam.

Rorschach, H.（1921）*Psychoduagnostik*.〔片口安史訳〈1961〉精神診断学　金子書房〕

下山晴彦・丹野義彦編（2001）臨床心理学とは何か　講座臨床心理学 1　東京大学出版会.

Smith, D.（1982）Trends in counseling and psychotherapy. *American Psychologist*, **37**, 802-809.

Sternberg, R. J.（1999）. The theory of successful intelligence. *Review of General Psychology*, **3**, 292-316.

住田勝美・林勝造・一谷彊（1961）改訂版 PF スタディ使用手引　三京房.

高橋雅春・北村依子（1981）ロールシャッハ診断法 I　サイエンス社.

第6章

Freud, A.（1936）*Das Ich und Abwehrmechanismen*. Internationaler Psychoanalytischer Verlag.〔外林大作訳〈1958〉自我と防衛　誠信書房〕

Freud, S.（1900）*Die Traumdeutung*.〔高橋義孝訳〈1968〉夢判断　フロイト著作集 2　人文書院〕

Freud, S.（1904）*Drei Abhandlungen zur Sexualtheorie*.〔懸田克躬他訳〈1969〉性欲論 3 篇　フロイト著作集 5　人文書院〕

Freud, S.（1908）*Charakter und Analerotik*.〔懸田克躬訳〈1969〉性格と肛門愛　フロイト著作集 5　人文書院〕

Freud, S.（1917）*Vorlesungen zur Einfühlung in die Psychoanalyse*.〔懸田克躬・高橋義孝訳〈1971〉精神分析学入門　フロイト著作集 1　人文書院〕

Freud, S.（1933）*Neue Folge der Vorlesungen zur Einführung in die Psychoanalyse*.〔懸田克躬・高橋義孝訳〈1972〉続精神分析学入門　フロイト著作集 1　人文書院〕

Jung, C. G.（1921）*Psychologische Typen*. Rascher Verlag.〔高橋義孝訳〈1970〉人間のタイプ　ユング著作集 1　日本教文社〕

Jung, C. G.（1931）*Wirklichkeit der Seele*. Rascher Verlag.〔江野専次郎訳〈1970〉こころの構造　ユング著作集 3　日本教文社〕

第7章

Ainsworth, M. D. S., Blehar, M. C., Waters, E., & Wall, S.（1978）. *Patterns of attachment*: *A psychological study of the strange situation.* Erlbaum.

Baron-Cohen, S., Leslie, A. M., & Frith, U.（1985）. Does the autistic child have a "theory of mind"?. *Cognition*, **21**, 37‒46.

Bower, T. G. R.（1989）*The rational infant: Learning in infancy*. W. H. Freeman and Company.〔岩田純一・水谷宗行他訳〈1995〉賢い赤ちゃん　ミネルヴァ書房〕

Erikson, E. H.（1950）*Childhood and society*. W. W. Norton.〔仁科弥生訳〈1977〉幼児期と社会　みすず書房〕

Erikson, E. H.（1959）*Identity and the lify cycle*. International Universities Press.〔小此木啓吾訳編〈1982〉自我同一性――アイデンティティとライフ・サイクル　誠信書房〕

Fantz, R. L.（1961）The origin of form perception. *Scientific American*, **204**, **5**, 66‒72.

Harlow, H. F.（1966）Love in infant monkeys. In S. Coopersmith（Ed.）, *Frontiers of psychological research*. Freeman.

Harlow, H. F. & Mears, C.（1979）*The Human Model: Primate perspectives*. V. H. Winston & Sons.〔梶田正巳・酒井亮爾・中野靖彦訳〈1985〉ヒューマン・モデル　黎明書房〕

Kohlberg, L.（1984）*The psychology of moral development*. Harper & Row.

Meltzoff, A. N. & Moore, M. K.（1977）Imitation of facial and manual gestures by human neonates, *Science*, **198**, 75‒78.

Newman, P. R. & Newman, B. M.（1983）*Principles of psychology*. Dorsey.

Piaget, J. & Inhelder, B.（1966）*La psychologie de Lénfant*. Presses Universitaires de France.〔波多野完治他訳〈1969〉新しい児童心理学　白水社〕

Portman, A.（1944）*Biologishe Fragmente zu einer Lehre vom Menschen*. Berro Schwabe.〔高木正孝訳〈1961〉人間はどこまで動物か――新しい人間像のために　岩波書店〕

第8章

Asch, S. E.（1946）Forming impressions of personality. *Journal of Personality and Social Psychology*, **41**, 258‒290.

Asch, S. E.（1951）Effects of group pressure upon the modification and distortion of Judgments. In H. Guetzkow（Ed.）, *Groups, leadership, and men*. Carnegie Press.

Bandura, A., Ross, D. & Ross, S.（1963）Imitation of film-mediated aggressive models. *Journal of Abnormal and Social Psychology*, **66**, 3‒11.

Baum, A., Fisher, J. P., & Singer, J. E.（1985）*Social psychology*. Random House.

Brigham, J. C. & Wrightsman, L. S. eds.（1977）*Contemporary issues in social psychology*. 3rd ed. Brooks/Cole.

Byne, D. & Nelson, D.（1965）Attraction as a linear function of proportion of positive reinforcements. *Journal of Personality and Social Psychology*, **1**, 659‒663.

Cartwright, D. & Zander, A.（Eds.）（1960）*Group dynamics*. Haper & Row.

Chapman, A.（2010）Johari window model and free diagram.〔https://www.businessballs.com/self-awareness/johari-window-model-and-free-diagrams/〕

Darley, J. M. & Latané, B.（1968）Bystander intervention in emergencies: Diffusion of responsibility. *Journal of Personality and Social Psychology*, **8**, 377‒383.

Festinger, L., Schachter, S. & Back, K.（1950）*Social pressures in informal groups: A Study of human factors in housing*. Haper.

Festinger, L.（1957）*A theory of cognitive dissonance*. Row Peterson.

Festinger, L. & Carlsmith, J. M.（1959）Cognitive consequences of forced compliance. *Journal of Abnormal and Social Psychology*, **58**, 203‒210.

Freud, S.（1917）*Vorlesungen zur Einfuhlung in die*

Psychoanalyse. 〔懸田克躬・高橋義孝訳〈1971〉
精神分析学入門　フロイト著作集 1　人文書
院〕

Heider, F.（1958）*The Psychology of interpersonal relations*. John Wiley & Sons.〔大橋正夫訳〈1978〉対人関係の心理学　誠信書房〕

Latene, B. & Wolf, S.（1981）The social impact of majorities and minorities. *Psychological Review*, **88**, 438–453.

Milgram, S.（1974）*Obedience to authority*. Harper & Row.

日本青少年研究所（2006）高校生の友人関係と生活意識.

Schacter, S.（1964）The interaction of cognitive and physiological determinants of emotional state. In L. Berkowitz（Eds.）, *Advances in experimental social psychology, Vol.1.* Academic Press.

Walster, E., Aronson, V., Abrahams, D. & Rottmann, L.（1966）Importance of physical attractiveness in dating behavior. *Journal of Personality and Social Psychology*, **4**, 508–516.

White, R. & Lipitt, R.（1953）Leader behavior reaction in three 'Social climates'. In D. Cartwright & A. Zander.（Eds.）,（1960）*Group dynamics*. Haper & Row.

Zajonc, R. B.（1968）Attitudinal effects of mere exposure. *Journal of Personality and Social Psychology, Monograph Supplement*, **9**, 1–27.

人名索引

事項索引

著者紹介

齊藤　勇（さいとう　いさむ）

立正大学名誉教授，日本ビジネス心理学会会長，
ミンダナオ国際大学客員教授，文学博士
山梨県生まれ，早稲田大学大学院博士課程単位取得満期退学
主　著　『イラストレート人間関係の心理学』誠信書房，『日本人の自己
　　呈示の社会心理学的研究』誠信書房，『対人感情の心理学』誠信書房，
　　『欲求心理学トピックス 100』（編）誠信書房，『経営心理学トピック
　　ス 100』（編）誠信書房，『対人社会心理学重要研究集』全 7 巻（編）
　　誠信書房，『経営産業心理学パースペクティブ』（編）誠信書房

イラストレート 心理学入門〔しんりがくにゅうもん〕　［第 3 版］

　2020年 8 月25日　第 3 版第 1 刷発行
　2024年 6 月10日　第 3 版第 6 刷発行

著　者　齊　藤　　勇

発行者　柴　田　敏　樹

印刷者　日　岐　浩　和

発行所　株式会社　誠 信 書 房
〒112-0012　東京都文京区大塚 3-20-6
TEL　03（3946）5666
https://www.seishinshobo.co.jp/

イラストレート 人間関係の心理学 [第2版]

齊藤 勇 著

対人心理学に関する実験を紹介したトピックスで定評のあるテキストの第2版。日常の人間関係において生じる心理と行動のプロセスについて、豊富なイラストや図表で解説する。今版では全体の構成は変えずに本文を全面的に書き換え、トピックスも加筆した。人間関係の心理学を学ぶうえで必ず押さえておかなければいけない論点をコンパクトに網羅し、時代の趨勢に合わせ内容を刷新した。

A5判並製　定価(本体1800円＋税)

イラストレート 社会心理学

齊藤 勇 著

大学等の教科書としてロングセラーを続けている「イラストレートシリーズ」の著者による、社会心理学の書き下ろしテキスト。様々な実験とその結果をもたらした心理的メカニズムや理論を分かり易く解説して好評を博しているトピックスを、各右頁に配置。社会心理学を学ぶうえで押さえておきたい実験は、ほぼ網羅している。人と社会のつながりのうえで起きる様々な心理を解説した、社会心理学基本テキストの決定版。

A5判並製　定価(本体2700円＋税)